「平和宣言」全文を読む

——ナガサキの願い

早稲田大学出版部 編

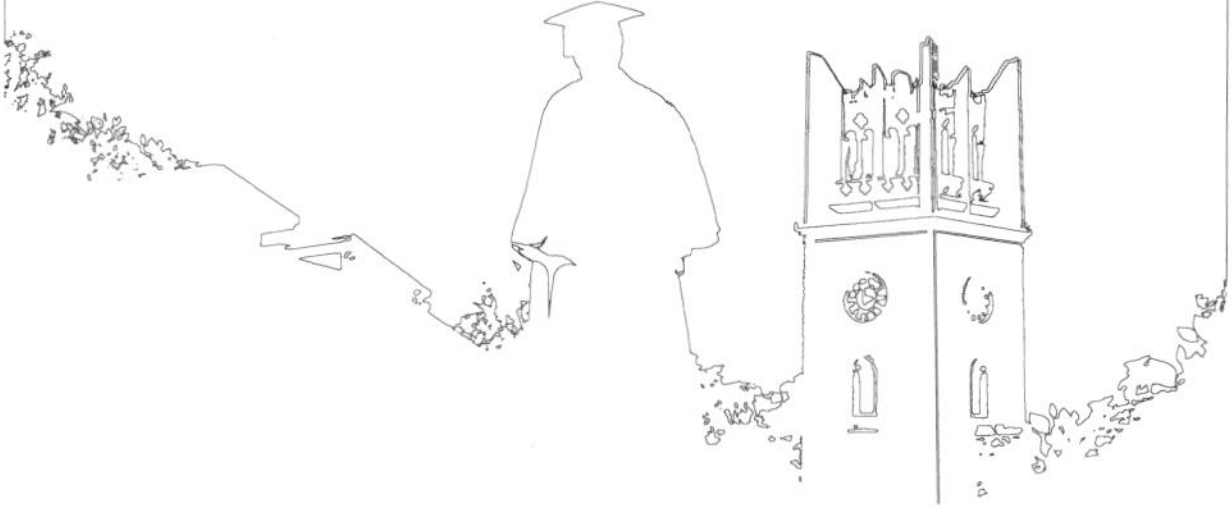

早稲田新書
012

長崎市の平和祈念像

まえがき

作家・元長崎原爆資料館館長　青来有一

２０２２年２月24日、ロシア軍のウクライナ侵攻に世界が震撼《しんかん》した。国境を越える戦車の長い列。子どもの手をひいて逃れる人々の姿。自らは国外へ出ることを拒み、国民に戦いを呼びかけるウクライナのゼレンスキー大統領。爆発の閃光《せんこう》と黒煙がテレビ画面に写しだされ、ＳＮＳにも悲痛な叫びがあふれた。怒りや憤り、不安に胸がしめつけられながら、もうひとつのなんとも得体がしれない不安が迫ってきた。

ロシアのプーチン大統領が「核運用部隊を戦闘警戒態勢に置くように命じた」というニュースだ。侵攻などしないと言いながら、一方でプーチン大統領は核兵器搭載可能な弾道ミサイルの発射演習を実施、ＮＡＴＯ（北大西洋条約機構）やアメリカがロシアとウクライナの戦闘に軍事介入したら「これまで見たことのない結果」をまねくなどと核兵器使用をちらつかせた威嚇をくりかえしていた。

アメリカ政府が諜報機関の情報に基づいて侵攻の可能性が高いと伝え、ゼレンスキー大統領も侵攻が迫っていると訴えてはいた。ただ専門家の多くは合理的に考えてロシアの軍事侵攻はないと予測、その流れで核兵器の使用も脅しだと考えていたのだが、いったん侵攻という「まさか」が起きると「核兵器使用」の「まさか」もあるのではないか、という不安に囚《とら》われたのだ。

２０２１年の平和宣言に「長崎を最後の被爆地に」というメッセージがある。長崎が最後ではない２番目の被爆地になるのではないか、ウクライナの都市が「ヒロシマ・ナガサキ」に続いて３番目の被爆地として記憶されることになるのか、重苦しい気分から逃れることができなくなった。

世界を核戦争の瀬戸際の恐怖に陥れたといわれる１９６２年10月のキューバ危機について幼かったのでほとんどなにも知らず、冷戦時代は、実際には危険きわまりない状況だったらしいが、核兵器による全面核戦争の果ての人類滅亡の物語として語られ、今回のような切迫感はなかった。２００１年のアメリカの同時多発テロでワールド・トレード・センターが崩壊していく光景を見て「戦争が始まる」と危ぶんだが、核戦争は考えなかった。

プーチン大統領の、なにをするかわからないという疑心暗鬼に相手を陥れる「マッドマン・セオリー（狂人理論）」に翻弄《ほんろう》されていることも考えられるが、人生で初めて核兵器が使われるかもしれないという重苦しい不安を拭い去ることができないでいる。2022年の平和宣言はロシアによるウクライナ侵攻と核の危機が取りあげられるのはまちがいないだろう。

本書には1948年から2021年まで6人の市長と「市民代表」「平和推進市民大会」名の通算73回の「長崎平和宣言」が収録されている。田上富久長崎市長のインタビュー、長崎大学核兵器廃絶センター（RECNA）の吉田文彦センター長の解説を収録、宣言にこめられた被爆地のメッセージを読み解く一助になるはずだ。

平和宣言は、毎年8月9日、長崎市松山町の爆心地近くの平和公園の丘で、遺族や被爆者、市民、国内外の来賓が参列して開催される「長崎原爆犠牲者慰霊平和祈念式典」において、11時2分における黙とうの後、長崎市長が読み上げる。

核兵器廃絶の決意と恒久平和の願いが宣言の主な内容だが、具体的な内容や表現は、春ごろから3回ほど開催される「起草委員会」で被爆者や市民や有識者の意見を聞き、最終的には市長自らが起草する。広島にも同様の懇話会があるが、長崎の起草委員会は議論が公開されていて、報道機関やSNSなどを通じて、宣言案に関する市民らの様々な声が市長には届くことになる。

平和宣言で言及された主なできごとを年代順にいくつか拾っていくと――「原水爆禁止世界大会」（1956年）「部分的核実験停止条約」（64年）「核兵器不拡散条約の（日本政府による）批准（括弧内筆者）」（76年）「米ソ両国によるINF（中距離核戦力）全廃条約（括弧内筆者）」（88年）「米ソ戦略核兵器削減条約の基本合意」（90年）「プラハ演説」（2009年）「『核兵器禁止条約』（略）採択」）（17年）――など国際社会の核兵器への取り組みの歴史の断面が浮かび上がってくる。その背景にある冷戦時代の熾烈な核軍拡競争への批判、冷戦終結後も核軍縮に取り組もうとしない核保有国への怒りやいらだちは宣言でくりかえし言及されている。

一方、1954年のアメリカのビキニ環礁での水爆実験と第五福竜丸被ばく、62年のキューバ危機への言及はなく、71年に国会決議された「非核三原則」も、81年に初めて「持ちこませず」が揺らいでいるとして、日本政府に対する批判の文脈において言及された。

平和宣言が始められた当初、「アトム長崎」（1948年）「近代兵器の最高峰、原子爆弾」（51年）など、核兵器を「非人道的兵器」として禁止しようとしている現在からは考えられない表現があるが、当時、アメリカの占領下で第1回は文化祭として開催された事情があった。1950年代は原爆犠牲者への追悼と都市復興の決意を中心とした儀礼的な宣誓文といった印象がある。文字数も第1回は200文字余りで、2000文字を超えることもある現在の宣言から考えるとあまりに少ない。

1960年代に宣言の内実も少しずつ変わりはじめ、田川務市長の「核兵器の製造、所有に全力を傾けてその優位性を誇示せんとする国々」（1964年）や諸谷義武市長の「核保有国は、その製造と、実験を強行して戦力の誇示を競い」（67年）と国名は明示しないながらも核兵器を保有する国々への批判に踏みこみはじめる。76年の諸谷市長の宣言はおよそ1500文字の長文で、核兵器の増加とくりかえされる核実験への憤りがにじみでている。

1979年、本島等市長の就任から平和宣言はさらに変わっていく。「今日まで、無差別に、大量の人間を殺傷した原子爆弾投下の責任は何故《なにゆえ》不問に付されてきたのか。われわれは、今もなお心からの憤りを覚える」（79年）と被爆地から原子爆弾を投下したアメリカ政府へのまっすぐな抗議の表明はひとつの飛躍といってもいい。占領下に「近代兵器の最高峰」とされた原子爆弾が「非人道兵器」「絶対悪」といった明確に位置づけられていくのはこのころからで、表現の強さと激しさは、本島市長の心中深くに根を張るなにものかの存在を感じさせる。

本島市長は戦争と原爆の「責任」を問い続けたひとだった。アメリカ政府に原爆投下の責任を問い、日本政府には無謀な戦争を引き起こした責任を問い、アジアへの侵略の反省を求め、国の内外の被爆者への国家補償を要求し、市議会では昭和天皇の戦争責任に言及して銃撃される。

個人的な話で恐縮だが、私はこの本島市長時代に長崎市役所に勤めはじめ、職員として市長に接することがあった。政治家としては、清濁併せ呑む老練でしたたかなタイプで、人間としてのユーモアも感じた。一方で行政の現場からは見えない思想家、平和活動家、カトリック信者としての顔があったようで、平和宣言を寝ても覚めても考えているとか、ホテルに缶詰めになって書いたといった噂《うわさ》話も聞いたことがある。市議会での施政方針演説にはどうしてもおさまらない、平和宣言に託すしかない思想信条といったものを抱えこんでいたのかもしれない。本島市長の宣言はその内容に賛否はあるかもしれないが、今読んでも迫力があり、ひとすじの情念といったものが流れているのを感じる。

本島市長の後の伊藤一長市長は、就任した1995年、オランダ・ハーグの国際司法裁判所（ICJ）で、原爆で黒焦げになった少年の写真を示し「核兵器の使用は国際法に違反する」と意見陳述をした。アメリカへの配慮なのか、外務省が難色を示すなかでの被爆地市長の意見陳述だったという。伊藤市長はここから平和市長として歩み始める。2005年、平和行政を私自身担当することになり、伊藤市長の平和宣言を事務方として支援した。2年後、その伊藤市長が銃弾で斃《たお》れ、一発の銃弾がどれほどの恐怖、怒り、悲しみをもたらすか、長崎市民は深く心に刻んだ。07年、田上市長の最初の宣言は伊藤市長の非業の死から説き起こされた。

1950年の平和宣言は広島も長崎もない。朝鮮戦争が勃発した年だ。同年6月、中国が支援する北朝鮮軍が38度線を越えて侵攻、アメリカを中心とする国連軍が参戦、占領下の国内では多くの行事や式典は中止された。その年の12月のニューヨーク・タイムズにトルーマン大統領が、「必要なら韓国で原子爆弾を使用すると警告」という記事が載り、世界は震撼したという。同盟国のアトリー英国首相がワシントンをすぐに訪ね、トルーマン大統領と首脳会談を行い、核兵器の使用を思いとどまらせるということもあった。

広島と長崎に原爆投下命令を下したトルーマン大統領に3度目の核兵器の使用をやめさせたのはなにか。戦略上必要がないという政府部内の反対、多数の非戦闘員の犠牲を憂慮し、同盟国からの孤立と第3次世界大戦の引き金を引くことを危惧したなどと言われる。広島と長崎の惨状を思い起こしたのもまちがいないはずだ。結局、合理性や人間性、それにもとづく理性が、核兵器の3度目の使用を押しとどめたといっていいのかもしれない。

プーチン大統領にそのような人間性と理性が期待できるのか。合理的な考えから逸脱した「まさか」の決断を下すことはないのか。もしも自分が存在しない世界など意味がないと考える、孤立した独裁者がいて、核兵器の発射ボタンを握っているとしたらどうなるのか。大量の核兵器で互いを威嚇することで成り立つ核抑止力の危うさがそこに露呈する。

「長崎を最後の被爆地に」するために今なにができるのか、2022年の長崎平和宣言はこれまでにない重い問いに直面することになる。

（参考）鎌田定夫編著「広島・長崎の平和宣言—その歴史と課題」（平和文化、1993年）

目次

第1章
平和宣言

田上富久市長
（2021～2007年）

平和宣言を読む田上氏（2019年８月９日＝長崎市提供）

令和3(2021)年　通算73回目

今年、一人のカトリック修道士が亡くなりました。「アウシュビッツの聖者」と呼ばれたコルベ神父を生涯慕い続けた小崎登明さん。93歳でその生涯を閉じる直前まで被爆体験を語り続けた彼は、手記にこう書き残しました。

世界の各国が、こぞって、核兵器を完全に『廃絶』しなければ、地球に平和は来ない。核兵器は、普通のバクダンでは無いのだ。放射能が持つ恐怖は、体験した者でなければ分からない。

このバクダンで、沢山の人が、親が、子が、愛する人が殺されたのだ。

このバクダンを二度と、繰り返させないためには、『ダメだ、ダメだ』と言い続ける。核廃絶を叫び続ける。

原爆の地獄を生き延びた私たちは、核兵器の無い平和を確認してから、死にたい。

小崎さんが求め続けた「核兵器の無い平和」は、今なお実現してはいません。でも、その願いは一つの条約となって実を結びました。

人類が核兵器の惨禍を体験してから76年目の今年、私たちは、核兵器をめぐる新しい地平に立っています。今年1月、人類史上初めて「全面的に核兵器は違法」と明記した国際法、核兵器禁止条約が発効したのです。

この生まれたての条約を世界の共通ルールに育て、核兵器のない世界を実現していくためのプロセスがこれから始まります。来年開催予定の第1回締約国会議は、その出発点となります。

一方で、核兵器による危険性はますます高まっています。核不拡散条約（ＮＰＴ）で核軍縮の義務を負っているはずの核保有国は、英国が核弾頭数の増加を公然と発表するなど、核兵器への依存を強めています。また、核兵器を高性能のものに置き換えたり、新しいタイプの核兵器を開発したりする競争も進めています。

この相反する二つの動きを、核兵器のない世界に続く一つの道にするためには、各国の指導者たちの核軍縮への意志と、対話による信頼醸成、そしてそれを後押しする市民社会の声が必要です。

日本政府と国会議員に訴えます。

核兵器による惨禍を最もよく知るわが国だからこそ、第1回締約国会議にオブザーバーとして参加し、核兵器禁止条約を育てるための道を探ってください。日本政府は、条約に記された核実験などの被害者への援助について、どの国よりも貢献できるはずです。そして、一日も早く核兵器禁止条約に署名し、批准することを求めます。

「戦争をしない」という日本国憲法の平和の理念を堅持するとともに、核兵器のない世界に向かう一つの道として、「核の傘」ではなく「非核の傘」となる北東アジア非核兵器地帯構想について検討を始めてください。

核保有国と核の傘の下にいる国々のリーダーに訴えます。

国を守るために核兵器は必要だとする「核抑止」の考え方のもとで、世界はむしろ危険性を増している、という現実を直視すべきです。次のNPT再検討会議で世界の核軍縮を実質的に進展させること、そのためにも、まず米ロがさらなる核兵器削減へ踏み出すことを求めます。

地球に住むすべての皆さん。

私たちはコロナ禍によって、当たり前だと思っていた日常が世界規模で失われてしまうという体験をしました。そして、危機を乗り越えるためには、一人ひとりが当事者として考え、行動する必要があることを学びました。今、私たちはパンデミック収束後に元に戻るのではなく、元よりもいい未来を築くためにどうすればいいのか、という問いを共有しています。

核兵器についても同じです。私たち人類はこれからも、地球を汚染し、人類を破滅させる核兵器を持ち続ける未来を選ぶのでしょうか。脱炭素化やＳＤＧｓの動きと同じように、核兵器がもたらす危険についても一人ひとりが声を挙げ、世界を変えるべき時がきているのではないでしょうか。

「長崎を最後の被爆地に」

この言葉を、長崎から世界中の皆さんに届けます。広島が「最初の被爆地」という事実によって永遠に歴史に記されるとすれば、長崎が「最後の被爆地」として歴史に刻まれ続けるかどうかは、私たちがつくっていく未来によって決まります。この言葉に込められているのは、「世界中の誰にも、二度と、同じ体験をさせない」という被爆者の変わらぬ決意であり、核兵器禁止条約に込められた明確な目標であり、私たち一人ひとりが持ち続けるべき希望なのです。

この言葉を世界の皆さんと共有し、今年から始まる被爆１００年に向けた次の25年を、核兵器のない世界に向かう確かな道にしていきましょう。

長崎は、被爆者の声を直接聞ける最後の世代である若い皆さんとも力を合わせて、忘れてはならない76年前の事実を伝え続けます。

被爆者の平均年齢は83歳を超えています。日本政府には、被爆者援護のさらなる充実と、被爆体験者の救済を求めます。

東日本大震災から10年が経過しました。私たちは福島で起こったことを忘れません。今も続くさまざまな困難に立ち向かう福島の皆さんに心からのエールを送ります。

原子爆弾によって亡くなられた方々に哀悼の意を捧《ささ》げ、長崎は、広島をはじめ平和を希求するすべての人々とともに「平和の文化」を世界中に広め、核兵器廃絶と恒久平和の実現に力を尽くしていくことを、ここに宣言します。


（ルビは原文ママに加え、難読語に振りました。以下同じ）

＊

〈長崎新聞8月10日付朝刊一面の見出し〉核禁条約 早期参加を／76回目 長崎原爆の日 平和宣言／首相は消極姿勢、違い鮮明◇核先制不使用 賛同促す／元米高官ら 首相に書簡＝長崎新聞提供、以下同じ

令和2（2020）年　通算72回目

私たちのまちに原子爆弾が襲いかかったあの日から、ちょうど75年。4分の3世紀がたった今も、私たちは「核兵器のある世界」に暮らしています。

どうして私たち人間は、核兵器を未《いま》だになくすことができないでいるのでしょうか。人の命を無残に奪い、人間らしく死ぬことも許さず、放射能による苦しみを一生涯背負わせ続ける、このむごい兵器を捨て去ることができないのでしょうか。

75年前の８月９日、原爆によって妻子を亡くし、その悲しみと平和への思いを音楽を通じて伝え続けた作曲家・木野普見雄さんは、手記にこう綴っています。

私の胸深く刻みつけられたあの日の原子雲の赤黒い拡がりの下に繰り展げられた惨劇、ベロベロに焼けただれた火達磨の形相や、炭素のように黒焦げとなり、丸太のようにゴロゴロと瓦《が》礫《れき》の中に転がっていた数知れぬ屍体、髪はじりじりに焼け、うつろな瞳でさまよう女、そうした様々な幻影は、毎年めぐりくる八月九日ともなれば生々しく脳裡に蘇ってくる。

被爆者は、この地獄のような体験を、二度とほかの誰にもさせてはならないと、必死で原子雲の下で何があったのかを伝えてきました。しかし、核兵器の本当の恐ろしさはまだ十分に世界に伝わってはいません。新型コロナウイルス感染症が自分の周囲で広がり始めるまで、私たちがその怖さに気づかなかったように、もし核兵器が使われてしまうまで、人類がその脅威に気づかなかったとしたら、取り返しのつかないことになってしまいます。

今年は、核不拡散条約（ＮＰＴ）の発効から50年の節目にあたります。この条約は、「核保有国をこれ以上増やさないこと」「核軍縮に誠実に努力すること」を約束した、人類にとってとても大切な取り決めです。しかしここ数年、中距離核戦力（ＩＮＦ）全廃条約を破棄してしまうなど、核保有国の間に核軍縮のための約束を反故《ほご》にする動きが強まっています。それだけでなく、新しい高性能の核兵器や、使いやすい小型核兵器の開発と配備も進められています。その結果、核兵器が使用される脅威が現実のものとなっているのです。

〝残り１００秒〟。地球滅亡までの時間を示す「終末時計」が今年、これまでで最短の時間を指していることが、こうした危機を象徴しています。

3年前に国連で採択された核兵器禁止条約は「核兵器をなくすべきだ」という人類の意思を明確にした条約です。核保有国や核の傘の下にいる国々の中には、この条約をつくるのはまだ早すぎるという声があります。そうではありません。核軍縮があまりにも遅すぎるのです。

被爆から75年、国連創設から75年という節目を迎えた今こそ、核兵器廃絶は、人類が自らに課した約束〝国連総会決議第一号〟であることを、私たちは思い出すべきです。

昨年、長崎を訪問されたローマ教皇は、二つの〝鍵〟となる言葉を述べられました。一つは

「核兵器から解放された平和な世界を実現するためには、すべての人の参加が必要です」という言葉。もう一つは「今、拡大しつつある相互不信の流れを壊さなくてはなりません」という言葉です。

世界の皆さんに呼びかけます。

平和のために私たちが参加する方法は無数にあります。

今年、新型コロナウイルスに挑み続ける医療関係者に、多くの人が拍手を送りました。被爆から75年がたつ今日まで、体と心の痛みに耐えながら、つらい体験を語り、世界の人たちのために警告を発し続けてきた被爆者に、同じように、心からの敬意と感謝を込めて拍手を送りましょう。

この拍手を送るという、わずか10秒ほどの行為によっても平和の輪は広がります。今日、大テントの中に掲げられている高校生たちの書にも、平和への願いが表現されています。折り鶴を折るという小さな行為で、平和への思いを伝えることもできます。確信を持って、たゆむことなく、「平和の文化」を市民社会に根づかせていきましょう。

若い世代の皆さん。新型コロナウイルス感染症、地球温暖化、核兵器の問題に共通するのは、地球に住む私たちみんなが〝当事者〟だということです。あなたが住む未来の地球に核兵器は必要ですか。核兵器のない世界へと続く道を共に切り開き、そして一緒に歩んでいきましょう。

世界各国の指導者に訴えます。

「相互不信」の流れを壊し、対話による「信頼」の構築をめざしてください。今こそ、「分断」ではなく「連帯」に向けた行動を選択してください。来年開かれる予定のＮＰＴ再検討会議で、核超大国である米ロの核兵器削減など、実効性のある核軍縮の道筋を示すことを求めます。

日本政府と国会議員に訴えます。

核兵器の怖さを体験した国として、一日も早く核兵器禁止条約の署名・批准を実現するとともに、北東アジア非核兵器地帯の構築を検討してください。「戦争をしない」という決意を込めた日本国憲法の平和の理念を永久に堅持してください。

そして、今なお原爆の後障害に苦しむ被爆者のさらなる援護の充実とともに、未《いま》だ被爆者と認められていない被爆体験者に対する救済を求めます。

東日本大震災から９年が経過しました。長崎は放射能の脅威を体験したまちとして、復興に向け奮闘されている福島の皆さんを応援します。

新型コロナウイルスのために、心ならずも今日この式典に参列できなかった皆様とともに、原子爆弾で亡くなられた方々に心から追悼の意を捧《ささ》げ、長崎は、広島、沖縄、そして戦争で多くの命を失った体験を持つまちや平和を求めるすべての人々と連帯して、核兵器廃絶と恒久平和の実現に力を尽くし続けることを、ここに宣言します。

＊

〈長崎新聞8月10日付朝刊一面の見出し〉核使用の脅威に危機感／75回目 長崎原爆の日／核禁条約 署名・批准を

令和元（２０１９）年　通算71回目

目を閉じて聴いてください。

幾千の人の手足がふきとび
腸《はら》わたが流れ出て
人の体にうじ虫がわいた
息ある者は肉親をさがしもとめて
死がいを見つけ　そして焼いた
人間を焼く煙が立ちのぼり

罪なき人の血が流れて浦上川を赤くそめた

ケロイドだけを残してやっと戦争が終わった

だけど……
父も母ももういない
兄も妹ももどってはこない
人は忘れやすく弱いものだから
あやまちをくり返す
だけど……
このことだけは忘れてはならない
このことだけはくり返してはならない
どんなことがあっても……

これは、1945年8月9日午前11時2分、17歳の時に原子爆弾により家族を失い、自らも大けがを負った女性がつづった詩です。自分だけではなく、世界の誰にも、二度とこの経験をさせてはならない、という強い思いが、そこにはあります。

原爆は「人の手」によってつくられ、「人の上」に落とされました。だからこそ「人の意志」によって、無くすことができます。そして、その意志が生まれる場所は、間違いなく、私たち一人ひとりの心の中です。

今、核兵器を巡る世界情勢はとても危険な状況です。核兵器は役に立つと平然と公言する風潮が再びはびこり始め、アメリカは小型でより使いやすい核兵器の開発を打ち出しました。ロシアは、新型核兵器の開発と配備を表明しました。そのうえ、冷戦時代の軍拡競争を終わらせた中距離核戦力（ＩＮＦ）全廃条約は否定され、戦略核兵器を削減する条約（新ＳＴＡＲＴ）の継続は危機に瀕《ひん》しています。世界から核兵器をなくそうと積み重ねてきた人類の努力の成果が次々と壊され、核兵器が使われる危険性が高まっています。

核兵器がもたらす生き地獄を「くり返してはならない」という被爆者の必死の思いが世界に届くことはないのでしょうか。

そうではありません。国連にも、多くの国の政府や自治体にも、何よりも被爆者をはじめとする市民社会にも、同じ思いを持ち、声を上げている人たちは大勢います。

そして、小さな声の集まりである市民社会の力は、これまでにも、世界を動かしてきました。1954年のビキニ環礁での水爆実験を機に世界中に広がった反核運動は、やがて核実験の禁止条約を生み出しました。一昨年の核兵器禁止条約の成立にも市民社会の力が大きな役割を果たしました。私たち一人ひとりの力は、微力ではあっても、決して無力ではないのです。

世界の市民社会の皆さんに呼びかけます。

戦争体験や被爆体験を語り継ぎましょう。戦争が何をもたらしたのかを知ることは、平和をつくる大切な第一歩です。

国を超えて人と人との間に信頼関係をつくり続けましょう。小さな信頼を積み重ねることは、国同士の不信感による戦争を防ぐ力にもなります。

人の痛みがわかることの大切さを子どもたちに伝え続けましょう。それは子どもたちの心に平和の種を植えることになります。

平和のためにできることはたくさんあります。あきらめずに、そして無関心にならずに、地道に「平和の文化」を育て続けましょう。そして、核兵器はいらない、と声を上げましょう。それは、小さな私たち一人ひとりにできる大きな役割だと思います。

すべての国のリーダーの皆さん。被爆地を訪れ、原子雲の下で何が起こったのかを見て、聴いて、感じてください。そして、核兵器がいかに非人道的な兵器なのか、心に焼き付けてください。

核保有国のリーダーの皆さん。核不拡散条約（ＮＰＴ）は、来年、成立からちょうど50年を迎えます。核兵器をなくすことを約束し、その義務を負ったこの条約の意味を、すべての核保有国はもう一度思い出すべきです。特にアメリカとロシアには、核超大国の責任として、核兵器を大幅に削減する具体的道筋を、世界に示すことを求めます。

日本政府に訴えます。日本は今、核兵器禁止条約に背を向けています。唯一の戦争被爆国の責任として、一刻も早く核兵器禁止条約に署名、批准してください。そのためにも朝鮮半島非核化の動きを捉え、「核の傘」ではなく、「非核の傘」となる北東アジア非核兵器地帯の検討を始めてください。そして何よりも「戦争をしない」という決意を込めた日本国憲法の平和の理念の堅持と、それを世界に広げるリーダーシップを発揮することを求めます。

被爆者の平均年齢は82歳を超えました。日本政府には、高齢化する被爆者のさらなる援護の充実と、今も被爆者と認定されていない被爆体験者の救済を求めます。

長崎は、核の被害を体験したまちとして、原発事故から8年が経過した今も放射能汚染の影響で苦しんでいる福島の皆さんを変わらず応援していきます。

原子爆弾で亡くなられた方々に心から哀悼の意を捧《ささ》げ、長崎は広島とともに、そして平和を築く力になりたいと思うすべての人たちと力を合わせて、核兵器廃絶と世界恒久平和の実現に力を尽くし続けることをここに宣言します。

＊

〈長崎新聞8月10日付朝刊一面の見出し〉核禁批准 日本の責務／平和宣言「一刻も早く」改めて要求／首相、応じず抑止力強調

平成30（2018）年　通算70回目

73年前の今日、8月9日午前11時2分。真夏の空にさく裂した一発の原子爆弾により、長崎の街は無残な姿に変わり果てました。人も動物も草も木も、生きとし生けるものすべてが焼き尽くされ、廃墟《はいきょ》と化した街にはおびただしい数の死体が散乱し、川には水を求めて力尽きたたくさんの死体が浮き沈みしながら河口にまで達しました。15万人が死傷し、なんとか生き延びた人々も心と体に深い傷を負い、今も放射線の後障害に苦しみ続けています。

原爆は、人間が人間らしく生きる尊厳を容赦なく奪い去る残酷な兵器なのです。

　１９４６年、創設されたばかりの国際連合は、核兵器など大量破壊兵器の廃絶を国連総会決議第1号としました。同じ年に公布された日本国憲法は、平和主義を揺るぎない柱の一つに据えました。広島・長崎が体験した原爆の惨禍とそれをもたらした戦争を、二度と繰り返さないという強い決意を示し、その実現を未来に託したのです。

　昨年、この決意を実現しようと訴え続けた国々と被爆者をはじめとする多くの人々の努力が実り、国連で核兵器禁止条約が採択されました。そして、条約の採択に大きな貢献をした核兵器廃絶国際キャンペーン（ＩＣＡＮ）がノーベル平和賞を受賞しました。この二つの出来事は、地球上の多くの人々が、核兵器のない世界の実現を求め続けている証です。

　しかし、第二次世界大戦終結から73年がたった今も、世界には１４，４５０発の核弾頭が存在しています。しかも、核兵器は必要だと平然と主張し、核兵器を使って軍事力を強化しようとする動きが再び強まっていることに、被爆地は強い懸念を持っています。

　核兵器を持つ国々と核の傘に依存している国々のリーダーに訴えます。国連総会決議第1号で核兵器の廃絶を目標とした決意を忘れないでください。そして50年前に核不拡散条約（ＮＰＴ）で交わした「核軍縮に誠実に取り組む」という世界との約束を果たしてください。人類がもう一度被爆者を生む過ちを犯してしまう前に、核兵器に頼らない安全保障政策に転換することを強く求めます。

そして世界の皆さん、核兵器禁止条約が一日も早く発効するよう、自分の国の政府と国会に条約の署名と批准を求めてください。

日本政府は、核兵器禁止条約に署名しない立場をとっています。それに対して今、３００を超える地方議会が条約の署名と批准を求める声を上げています。日本政府には、唯一の戦争被爆国として、核兵器禁止条約に賛同し、世界を非核化に導く道義的責任を果たすことを求めます。

今、朝鮮半島では非核化と平和に向けた新しい動きが生まれつつあります。南北首脳による「板門店宣言」や初めての米朝首脳会談を起点として、粘り強い外交によって、後戻りすることのない非核化が実現することを、被爆地は大きな期待を持って見守っています。日本政府には、この絶好の機会を生かし、日本と朝鮮半島全体を非核化する「北東アジア非核兵器地帯」の実現に向けた努力を求めます。

長崎の核兵器廃絶運動を長年牽引してきた二人の被爆者が、昨年、相次いで亡くなりました。その一人の土山秀夫さんは、核兵器に頼ろうとする国々のリーダーに対し、こう述べています。「あなた方が核兵器を所有し、またこれから保有しようとすることは、何の自慢にもならない。それどころか恥ずべき人道に対する犯罪の加担者となりかねないことを知るべきである」。もう一人の被爆者、谷口稜曄さんはこう述べました。「核兵器と人類は共存できないのです。こんな苦しみは、もう私たちだけでたくさんです。人間が人間として生きていくためには、地球上に一発たりとも核兵器を残してはなりません」。

二人は、戦争や被爆の体験がない人たちが道を間違えてしまうことを強く心配していました。二人がいなくなった今、改めて「戦争をしない」という日本国憲法に込められた思いを次世代に引き継がなければならないと思います。

平和な世界の実現に向けて、私たち一人ひとりに出来ることはたくさんあります。

被爆地を訪れ、核兵器の怖さと歴史を知ることはその一つです。自分のまちの戦争体験を聴くことも大切なことです。体験は共有できなくても、平和への思いは共有できます。

長崎で生まれた核兵器廃絶一万人署名活動は、高校生たちの発案で始まりました。若い世代の発想と行動力は新しい活動を生み出す力を持っています。

折り鶴を折って被爆地に送り続けている人もいます。文化や風習の異なる国の人たちと交流することで、相互理解を深めることも平和につながります。自分の好きな音楽やスポーツを通して平和への思いを表現することもできます。市民社会こそ平和を生む基盤です。「戦争の文化」ではなく「平和の文化」を、市民社会の力で世界中に広げていきましょう。

東日本大震災の原発事故から7年が経過した今も、放射線の影響は福島の皆さんを苦しめ続けています。長崎は、復興に向け努力されている福島の皆さんを引き続き応援していきます。

被爆者の平均年齢は82歳を超えました。日本政府には、今なお原爆の後障害に苦しむ被爆者のさらなる援護の充実とともに、今も被爆者と認定されていない「被爆体験者」の一日も早い救済を求めます。

原子爆弾で亡くなられた方々に心から追悼の意を捧《ささ》げ、私たち長崎市民は、核兵器のない世界と恒久平和の実現のため、世界の皆さんとともに力を尽くし続けることをここに宣言します。

＊

〈長崎新聞8月10日付朝刊一面の見出し〉 核禁条約 賛同迫る／首相は改めて不参加表明／被爆地と政府、溝埋まらず／73回目 長崎原爆の日／平和宣言

平成29(２０１７)年　通算69回目

「ノーモアヒバクシャ」

この言葉は、未来に向けて、世界中の誰も、永久に、核兵器による惨禍を体験することがない

ように、という被爆者の心からの願いを表したものです。その願いが、この夏、世界の多くの国々を動かし、一つの条約を生み出しました。

核兵器を、使うことはもちろん、持つことも、配備することも禁止した「核兵器禁止条約」が、国連加盟国の６割を超える１２２か国の賛成で採択されたのです。それは、被爆者が長年積み重ねてきた努力がようやく形になった瞬間でした。

私たちは「ヒバクシャ」の苦しみや努力にも言及したこの条約を「ヒロシマ・ナガサキ条約」と呼びたいと思います。そして、核兵器禁止条約を推進する国々や国連、ＮＧＯなどの、人道に反するものを世界からなくそうとする強い意志と勇気ある行動に深く感謝します。

しかし、これはゴールではありません。今も世界には、１５，０００発近くの核兵器がありま す。核兵器を巡る国際情勢は緊張感を増しており、遠くない未来に核兵器が使われるのではないか、という強い不安が広がっています。しかも、核兵器を持つ国々は、この条約に反対しており、私たちが目指す「核兵器のない世界」にたどり着く道筋はまだ見えていません。ようやく生まれたこの条約をいかに活かし、歩みを進めることができるかが、今、人類に問われています。

核兵器を持つ国々と核の傘の下にいる国々に訴えます。

安全保障上、核兵器が必要だと言い続ける限り、核の脅威はなくなりません。核兵器によって国を守ろうとする政策を見直してください。核不拡散条約（ＮＰＴ）は、すべての加盟国に核軍縮の義務を課しているはずです。その義務を果たしてください。世界が勇気ある決断を待っています。

日本政府に訴えます。

核兵器のない世界を目指してリーダーシップをとり、核兵器を持つ国々と持たない国々の橋渡し役を務めると明言しているにも関わらず、核兵器禁止条約の交渉会議にさえ参加しない姿勢を、被爆地は到底理解できません。唯一の戦争被爆国として、核兵器禁止条約への一日も早い参加を目指し、核の傘に依存する政策の見直しを進めてください。日本の参加を国際社会は待っています。

また、二度と戦争をしてはならないと固く決意した日本国憲法の平和の理念と非核三原則の厳守を世界に発信し、核兵器のない世界に向けて前進する具体的方策の一つとして、今こそ「北東アジア非核兵器地帯」構想の検討を求めます。

私たちは決して忘れません。１９４５年8月9日午前11時2分、今、私たちがいるこの丘の上空で原子爆弾がさく裂し、15万人もの人々が死傷した事実を。

あの日、原爆の凄《すさ》まじい熱線と爆風によって、長崎の街は一面の焼野原となりました。皮ふが垂れ下がりながらも、家族を探し、さ迷い歩く人々。黒焦げの子どもの傍らで、茫然と立ちすくむ母親。街のあちこちに地獄のような光景がありました。十分な治療も受けられずに、多くの人々が死んでいきました。そして72年経った今でも、放射線の障害が被爆者の体をむしばみ続けています。原爆は、いつも側にいた大切な家族や友だちの命を無差別に奪い去っただけでなく、生き残った人たちのその後の人生をも無惨に狂わせたのです。

世界各国のリーダーの皆さん。被爆地を訪れてください。

遠い原子雲の上からの視点ではなく、原子雲の下で何が起きたのか、原爆が人間の尊厳をどれほど残酷に踏みにじったのか、あなたの目で見て、耳で聴いて、心で感じてください。もし自分の家族がそこにいたら、と考えてみてください。

人はあまりにもつらく苦しい体験をしたとき、その記憶を封印し、語ろうとはしません。語るためには思い出さなければならないからです。それでも被爆者が、心と体の痛みに耐えながら体験を語ってくれるのは、人類の一員として、私たちの未来を守るために、懸命に伝えようと決意しているからです。

世界中のすべての人に呼びかけます。最も怖いのは無関心なこと、そして忘れていくことです。戦争体験者や被爆者からの平和のバトンを途切れさせることなく未来へつないでいきましょう。

今、長崎では平和首長会議の総会が開かれています。世界の7，400の都市が参加するこのネットワークには、戦争や内戦などつらい記憶を持つまちの代表も大勢参加しています。被爆者が私たちに示してくれたように、小さなまちの平和を願う思いも、力を合わせれば、そしてあきらめなければ、世界を動かす力になることを、ここ長崎から、平和首長会議の仲間たちとともに世界に発信します。そして、被爆者が声をからして訴え続けてきた「長崎を最後の被爆地に」という言葉が、人類共通の願いであり、意志であることを示します。

被爆者の平均年齢は81歳を超えました。「被爆者がいる時代」の終わりが近づいています。日本政府には、被爆者のさらなる援護の充実と、被爆体験者の救済を求めます。

福島の原発事故から6年が経ちました。長崎は放射能の脅威を経験したまちとして、福島の被災者に寄り添い、応援します。

原子爆弾で亡くなられた方々に心から追悼の意を捧《ささ》げ、私たち長崎市民は、核兵器のない世界を願う世界の人々と連携して、核兵器廃絶と恒久平和の実現に力を尽くし続けることをここに宣言します。

＊

〈長崎新聞8月10日付朝刊一面の見出し〉核依存脱却　決断を／72回目　長崎原爆の日／条約不参加の政府非難／平和宣言「到底理解できない」

平成28（２０１６）年　通算68回目

核兵器は人間を壊す残酷な兵器です。

１９４５年８月９日午前11時２分、米軍機が投下した一発の原子爆弾が、上空でさく裂した瞬間、長崎の街に猛烈な爆風と熱線が襲いかかりました。あとには、黒焦げの亡骸、全身が焼けただれた人、内臓が飛び出した人、無数のガラス片が体に刺さり苦しむ人があふれ、長崎は地獄と化しました。

原爆から放たれた放射線は人々の体を貫き、そのために引き起こされる病気や障害は、辛うじて生き残った人たちを今も苦しめています。

核兵器は人間を壊し続ける残酷な兵器なのです。

今年５月、アメリカの現職大統領として初めて、オバマ大統領が被爆地・広島を訪問しました。大統領は、その行動によって、自分の目と、耳と、心で感じることの大切さを世界に示しました。

核兵器保有国をはじめとする各国のリーダーの皆さん、そして世界中の皆さん。長崎や広島に来てください。原子雲の下で人間に何が起きたのかを知ってください。事実を知ること、それこそが核兵器のない未来を考えるスタートラインです。

今年、ジュネーブの国連欧州本部で、核軍縮交渉を前進させる法的な枠組みについて話し合う会議が開かれています。法的な議論を行う場ができたことは、大きな前進です。しかし、まもなく結果がまとめられるこの会議に、核兵器保有国は出席していません。そして、会議の中では、核兵器の抑止力に依存する国々と、核兵器禁止の交渉開始を主張する国々との対立が続いています。このままでは、核兵器廃絶への道筋を示すことができないまま、会議が閉会してしまいます。

核兵器保有国のリーダーの皆さん、今からでも遅くはありません。この会議に出席し、議論に参加してください。

国連、各国政府及び国会、ＮＧＯを含む市民社会に訴えます。核兵器廃絶に向けて、法的な議論を行う場を決して絶やしてはなりません。今年秋の国連総会で、核兵器のない世界の実現に向けた法的な枠組みに関する協議と交渉の場を設けてください。そして、人類社会の一員として、解決策を見出す努力を続けてください。

核兵器保有国では、より高性能の核兵器に置き換える計画が進行中です。このままでは核兵器のない世界の実現がさらに遠のいてしまいます。

今こそ、人類の未来を壊さないために、持てる限りの「英知」を結集してください。

日本政府は、核兵器廃絶を訴えながらも、一方では核抑止力に依存する立場をとっています。この矛盾を超える方法として、非核三原則の法制化とともに、核抑止力に頼らない安全保障の枠組みである「北東アジア非核兵器地帯」の創設を検討してください。核兵器の非人道性をよく知る唯一の戦争被爆国として、非核兵器地帯という人類のひとつの「英知」を行動に移すリーダーシップを発揮してください。

核兵器の歴史は、不信感の歴史です。

国同士の不信の中で、より威力のある、より遠くに飛ぶ核兵器が開発されてきました。世界には未《いま》だに１万５千発以上もの核兵器が存在し、戦争、事故、テロなどにより、使われる危険が続いています。

この流れを断ち切り、不信のサイクルを信頼のサイクルに転換するためにできることのひとつは、粘り強く信頼を生み続けることです。

我が国は日本国憲法の平和の理念に基づき、人道支援など、世界に貢献することで信頼を広げようと努力してきました。ふたたび戦争をしないために、平和国家としての道をこれからも歩み続けなければなりません。

市民社会の一員である私たち一人ひとりにも、できることがあります。国を越えて人と交わることで、言葉や文化、考え方の違いを理解し合い、身近に信頼を生み出すことです。オバマ大統領を温かく迎えた広島市民の姿もそれを表しています。市民社会の行動は、一つひとつは小さく見えても、国同士の信頼関係を築くための、強くかけがえのない礎となります。

被爆から71年がたち、被爆者の平均年齢は80歳を越えました。世界が「被爆者のいない時代」を迎える日が少しずつ近づいています。戦争、そして戦争が生んだ被爆の体験をどう受け継いでいくかが、今、問われています。

若い世代の皆さん、あなたたちが当たり前と感じる日常、例えば、お母さんの優しい手、お父さんの温かいまなざし、友だちとの会話、好きな人の笑顔…。そのすべてを奪い去ってしまうのが戦争です。

戦争体験、被爆者の体験に、ぜひ一度耳を傾けてみてください。つらい経験を語ることは苦しいことです。それでも語ってくれるのは、未来の人たちを守りたいからだということを知ってください。

長崎では、被爆者に代わって子どもや孫の世代が体験を語り伝える活動が始まっています。焼け残った城山小学校の校舎などを国の史跡として後世に残す活動も進んでいます。若い世代の皆さん、未来のために、過去に向き合う一歩を踏み出してみませんか。

福島での原発事故から5年が経過しました。長崎は、放射能による苦しみを体験したまちとして、福島を応援し続けます。

日本政府には、今なお原爆の後遺症に苦しむ被爆者のさらなる援護の充実とともに、被爆地域の拡大をはじめとする被爆体験者の一日も早い救済を強く求めます。

原子爆弾で亡くなられた方々に心から追悼の意を捧《ささ》げ、私たち長崎市民は、世界の人々とともに、核兵器廃絶と恒久平和の実現に力を尽くすことをここに宣言します。

＊

〈長崎新聞8月10日付朝刊一面の見出し〉 核なき世界へ　英知結集／71回目　長崎原爆の日／核保有国首脳は長崎に／平和宣言 田上市長が訪問要請

平成27（2015）年　通算67回目

昭和20年8月9日午前11時2分、一発の原子爆弾により、長崎の街は一瞬で廃墟《はいきょ》と化しました。

大量の放射線が人々の体をつらぬき、想像を絶する熱線と爆風が街を襲いました。24万人の市民のうち、7万4千人が亡くなり、7万5千人が傷つきました。70年は草木も生えない、といわれた廃墟《はいきょ》の浦上の丘は今、こうして緑に囲まれています。しかし、放射線に体を蝕まれ、後障害に苦しみ続けている被爆者は、あの日のことを1日たりとも忘れることはできません。

原子爆弾は戦争の中で生まれました。そして、戦争の中で使われました。

原子爆弾の凄《すさ》まじい破壊力を身をもって知った被爆者は、核兵器は存在してはならない、そして二度と戦争をしてはならないと深く、強く、心に刻みました。日本国憲法における平和の理念は、こうした辛《つら》く厳しい経験と戦争の反省の中から生まれ、戦後、我が国は平和国家としての道を歩んできました。長崎にとっても、日本にとっても、戦争をしないという平和の理念は永久に変えてはならない原点です。

今、戦後に生まれた世代が国民の多くを占めるようになり、戦争の記憶が私たちの社会から急速に失われつつあります。長崎や広島の被爆体験だけでなく、東京をはじめ多くの街を破壊した空襲、沖縄戦、そしてアジアの多くの人々を苦しめた悲惨な戦争の記憶を忘れてはなりません。

70年を経た今、私たちに必要なことは、その記憶を語り継いでいくことです。

原爆や戦争を体験した日本、そして世界の皆さん、記憶を風化させないためにも、その経験を語ってください。

若い世代の皆さん、過去の話だと切り捨てずに、未来のあなたの身に起こるかもしれない話だからこそ伝えようとする、平和への思いをしっかりと受け止めてください。「私だったらどうするだろう」と想像してみてください。そして、「平和のために、私にできることは何だろう」と考えてみてください。若い世代の皆さんは、国境を越えて新しい関係を築いていく力を持っています。

世界の皆さん、戦争と核兵器のない世界を実現するための最も大きな力は私たち一人ひとりの中にあります。戦争の話に耳を傾け、核兵器廃絶の署名に賛同し、原爆展に足を運ぶといった一人ひとりの活動も、集まれば大きな力になります。長崎では、被爆二世、三世をはじめ、次の世代が思いを受け継ぎ、動き始めています。

私たち一人ひとりの力こそが、戦争と核兵器のない世界を実現する最大の力です。市民社会の力は、政府を動かし、世界を動かす力なのです。

今年5月、核不拡散条約（NPT）再検討会議は、最終文書を採択できないまま閉幕しました。しかし、最終文書案には、核兵器を禁止しようとする国々の努力により、核軍縮について一歩踏み込んだ内容も盛り込むことができました。

NPT加盟国の首脳に訴えます。

今回の再検討会議を決して無駄にしないでください。国連総会などあらゆる機会に、核兵器禁止条約など法的枠組みを議論する努力を続けてください。

また、会議では被爆地訪問の重要性が、多くの国々に共有されました。

改めて、長崎から呼びかけます。

オバマ大統領、そして核保有国をはじめ各国首脳の皆さん、世界中の皆さん、70年前、原子雲の下で何があったのか、長崎や広島を訪れて確かめてください。被爆者が、単なる被害者としてではなく、〝人類の一員〟として、今も懸命に伝えようとしていることを感じとってください。

日本政府に訴えます。

国の安全保障は、核抑止力に頼らない方法を検討してください。アメリカ、日本、韓国、中国など多くの国の研究者が提案しているように、北東アジア非核兵器地帯の設立によって、それは可能です。未来を見据え、〝核の傘〟から〝非核の傘〟への転換について、ぜひ検討してください。

この夏、長崎では世界の１２２の国や地域の子どもたちが、平和について考え、話し合う、「世界こども平和会議」を開きました。

11月には、長崎で初めての「パグウォッシュ会議世界大会」が開かれます。核兵器の恐ろしさを知ったアインシュタインの訴えから始まったこの会議には、世界の科学者が集まり、核兵器の問題を語り合い、平和のメッセージを長崎から世界に発信します。

「ピース・フロム・ナガサキ」。平和は長崎から。私たちはこの言葉を大切に守りながら、平和の種を蒔《ま》き続けます。

また、東日本大震災から4年が過ぎても、原発事故の影響で苦しんでいる福島の皆さんを、長崎はこれからも応援し続けます。

現在、国会では、国の安全保障のあり方を決める法案の審議が行われています。70年前に心に刻んだ誓いが、日本国憲法の平和の理念が、今揺らいでいるのではないかという不安と懸念が広がっています。政府と国会には、この不安と懸念の声に耳を傾け、英知を結集し、慎重で真摯《しんし》な審議を行うことを求めます。

被爆者の平均年齢は今年80歳を超えました。日本政府には、国の責任において、被爆者の実態に即した援護の充実と被爆体験者が生きているうちの被爆地域拡大を強く要望します。

原子爆弾により亡くなられた方々に追悼の意を捧《ささ》げ、私たち長崎市民は広島とともに、核兵器のない世界と平和の実現に向けて、全力を尽くし続けることを、ここに宣言します。

＊

〈長崎新聞8月10日付朝刊一面の見出し〉 不戦 非核を誓う／70回目 長崎原爆の日／平和宣言 安保法案懸念／首相「国民守るため必要」

平成26（2014）年　通算66回目

69年前のこの時刻、この丘から見上げる空は真っ黒な原子雲で覆われていました。米軍機から投下された一発の原子爆弾により、家々は吹き飛び、炎に包まれ、黒焦げの死体が散乱する中を多くの市民が逃げまどいました。凄《すさ》まじい熱線と爆風と放射線は、7万4千人もの尊い命を奪い、7万5千人の負傷者を出し、かろうじて生き残った人々の心と体に、69年たった今も癒えることのない深い傷を刻みこみました。

今も世界には1万6千発以上の核弾頭が存在します。核兵器の恐ろしさを身をもって知る被爆者は、核兵器は二度と使われてはならない、と必死で警鐘を鳴らし続けてきました。広島、長崎の原爆以降、戦争で核兵器が使われなかったのは、被爆者の存在とその声があったからです。

もし今、核兵器が戦争で使われたら、世界はどうなるのでしょうか。

今年2月メキシコで開かれた「核兵器の非人道性に関する国際会議」では、146か国の代表が、人体や経済、環境、気候変動など、さまざまな視点から、核兵器がいかに非人道的な兵器であるかを明らかにしました。その中で、もし核戦争になれば、傷ついた人々を助けることもできず、「核の冬」の到来で食糧がなくなり、世界の20億人以上が飢餓状態に陥るという恐るべき予測が発表されました。

核兵器の恐怖は決して過去の広島、長崎だけのものではありません。まさに世界がかかえる〝今と未来の問題〟なのです。

こうした核兵器の非人道性に着目する国々の間で、核兵器禁止条約などの検討に向けた動きが始まっています。

しかし一方で、核兵器保有国とその傘の下にいる国々は、核兵器によって国の安全を守ろうとする考えを依然として手放そうとせず、核兵器の禁止を先送りしようとしています。

この対立を越えることができなければ、来年開かれる5年に一度の核不拡散条約（NPT）再検討会議は、なんの前進もないまま終わるかもしれません。

核兵器保有国とその傘の下にいる国々に呼びかけます。

「核兵器のない世界」の実現のために、いつまでに、何をするのかについて、核兵器の法的禁止を求めている国々と協議ができる場をまずつくり、対立を越える第一歩を踏み出してください。日本政府は、核兵器の非人道性を一番理解している国として、その先頭に立ってください。

核戦争から未来を守る地域的な方法として「非核兵器地帯」があります。現在、地球の陸地の半分以上が既に非核兵器地帯に属しています。日本政府には、韓国、北朝鮮、日本が属する北東アジア地域を核兵器から守る方法の一つとして、非核三原則の法制化とともに、「北東アジア非核兵器地帯構想」の検討を始めるよう提言します。この構想には、わが国の500人以上の自治体の首長が賛同しており、これからも賛同の輪を広げていきます。

いまわが国では、集団的自衛権の議論を機に、「平和国家」としての安全保障のあり方についてさまざまな意見が交わされています。

長崎は「ノーモア・ナガサキ」とともに、「ノーモア・ウォー」と叫び続けてきました。日本国憲法に込められた「戦争をしない」という誓いは、被爆国日本の原点であるとともに、被爆地長崎の原点でもあります。

被爆者たちが自らの体験を語ることで伝え続けてきた、その平和の原点がいま揺らいでいるのではないか、という不安と懸念が、急ぐ議論の中で生まれています。日本政府にはこの不安と懸念の声に、真摯《しんし》に向き合い、耳を傾けることを強く求めます。

長崎では、若い世代が、核兵器について自分たちで考え、議論し、新しい活動を始めています。大学生たちは海外にネットワークを広げ始めました。高校生たちが国連に届けた核兵器廃絶を求める署名の数は、すでに１００万人を超えました。

その高校生たちの合言葉「ビリョクだけどムリョクじゃない」は、一人ひとりの人々の集まりである市民社会こそがもっとも大きな力の源泉だ、ということを私たちに思い起こさせてくれます。長崎はこれからも市民社会の一員として、仲間を増やし、ＮＧＯと連携し、目標を同じくする国々や国連と力を合わせて、核兵器のない世界の実現に向けて行動し続けます。世界の皆さん、次の世代に「核兵器のない世界」を引き継ぎましょう。

東京電力福島第一原子力発電所の事故から、３年がたちました。今も多くの方々が不安な暮らしを強いられています。長崎は今後とも福島の一日も早い復興を願い、さまざまな支援を続けていきます。

来年は被爆からちょうど70年になります。

被爆者はますます高齢化しており、原爆症の認定制度の改善など実態に応じた援護の充実を望みます。

被爆70年までの一年が、平和への思いを共有する世界の人たちとともに目指してきた「核兵器のない世界」の実現に向けて大きく前進する一年になることを願い、原子爆弾により亡くなられた方々に心から哀悼の意を捧《ささ》げ、広島市とともに核兵器廃絶と恒久平和の実現に努力することをここに宣言します。

＊

〈長崎新聞8月10日付朝刊一面の見出し〉「不戦の誓い　揺らぐ」／平和宣言　集団的自衛権に言及／69回目　長崎原爆の日◇首相、閣議決定の正当性強調

平成25（2013）年　通算65回目

68年前の今日、このまちの上空にアメリカの爆撃機が一発の原子爆弾を投下しました。熱線、爆風、放射線の威力は凄《すさ》まじく、直後から起こった火災は一昼夜続きました。人々が暮らしてい

たまちは一瞬で廃墟《はいきょ》となり、24万人の市民のうち15万人が傷つき、そのうち7万4千人の方々が命を奪われました。生き残った被爆者は、68年たった今もなお、放射線による白血病やがん発病への不安、そして深い心の傷を抱え続けています。

このむごい兵器をつくったのは人間です。広島と長崎で、二度までも使ったのも人間です。核実験を繰り返し地球を汚染し続けているのも人間です。人間はこれまで数々の過ちを犯してきました。だからこそ忘れてはならない過去の誓いを、立ち返るべき原点を、折にふれ確かめなければなりません。

日本政府に、被爆国としての原点に返ることを求めます。

今年4月、ジュネーブで開催された核不拡散条約（NPT）再検討会議準備委員会で提出された核兵器の非人道性を訴える共同声明に、80か国が賛同しました。南アフリカなどの提案国は、わが国にも賛同の署名を求めました。

しかし、日本政府は署名せず、世界の期待を裏切りました。人類はいかなる状況においても核兵器を使うべきではない、という文言が受け入れられないとすれば、核兵器の使用を状況によっては認めるという姿勢を日本政府は示したことになります。これは二度と、世界の誰にも被爆の経験をさせないという、被爆国としての原点に反します。

インドとの原子力協定交渉の再開についても同じです。NPTに加盟せず核保有したインドへの原子力協力は、核兵器保有国をこれ以上増やさないためのルールを定めたNPTを形骸化することになります。NPTを脱退して核保有をめざす北朝鮮などの動きを正当化する口実を与え、朝鮮半島の非核化の妨げにもなります。

日本政府には、被爆国としての原点に返ることを求めます。

非核三原則の法制化への取り組み、北東アジア非核兵器地帯検討の呼びかけなど、被爆国としてのリーダーシップを具体的な行動に移すことを求めます。

核兵器保有国には、NPTの中で核軍縮への誠実な努力義務が課されています。これは世界に対する約束です。

2009年4月、アメリカのオバマ大統領はプラハで「核兵器のない世界」を目指す決意を示しました。今年6月にはベルリンで、「核兵器が存在する限り、私たちは真に安全ではない」と述べ、さらなる核軍縮に取り組むことを明らかにしました。被爆地はオバマ大統領の姿勢を支持します。

しかし、世界には今も1万7千発以上の核弾頭が存在し、その90%以上がアメリカとロシアのものです。オバマ大統領、プーチン大統領、もっと早く、もっと大胆に核弾頭の削減に取り組んでください。「核兵器のない世界」を遠い夢とするのではなく、人間が早急に解決すべき課題として、核兵器の廃絶に取り組み、世界との約束を果たすべきです。

核兵器のない世界の実現を、国のリーダーだけにまかせるのではなく、市民社会を構成する私たち一人ひとりにもできることがあります。

「政府の行為によって再び戦争の惨禍が起ることのないやうにする」という日本国憲法前文には、平和を希求するという日本国民の固い決意がこめられています。かつて戦争が多くの人の命を奪い、心と体を深く傷つけた事実を、戦争がもたらした数々のむごい光景を、決して忘れない、決して繰り返さない、という平和希求の原点を忘れないためには、戦争体験、被爆体験を語り継ぐことが不可欠です。

若い世代の皆さん、被爆者の声を聞いたことがありますか。「ノーモア・ヒロシマ、ノーモア・ナガサキ、ノーモア・ウォー、ノーモア・ヒバクシャ」と叫ぶ声を。

あなた方は被爆者の声を直接聞くことができる最後の世代です。68年前、原子雲の下で何があったのか。なぜ被爆者は未来のために身を削りながら核兵器廃絶を訴え続けるのか。被爆者の声に耳を傾けてみてください。そして、あなたが住む世界、あなたの子どもたちが生きる未来に核兵器が存在していいのか。考えてみてください。互いに話し合ってみてください。あなたたちこそが未来なのです。

地域の市民としてできることもあります。わが国では自治体の90％近くが非核宣言をしています。非核宣言は、核兵器の犠牲者になることを拒み、平和を求める市民の決意を示すものです。宣言をした自治体でつくる日本非核宣言自治体協議会は今月、設立30周年を迎えました。皆さんが宣言を行動に移そうとするときは、協議会も、被爆地も、仲間として力をお貸しします。

長崎では、今年11月、「第5回核兵器廃絶－地球市民集会ナガサキ」を開催します。市民の力で、核兵器廃絶を被爆地から世界へ発信します。

東京電力福島第一原子力発電所の事故は、未《いま》だ収束せず、放射能の被害は拡大しています。多くの方々が平穏な日々を突然奪われたうえ、将来の見通しが立たない暮らしを強いられています。長崎は、福島の一日も早い復興を願い、応援していきます。

先月、核兵器廃絶を訴え、被爆者援護の充実に力を尽くしてきた山口仙二さんが亡くなられました。被爆者はいよいよ少なくなり、平均年齢は78歳を超えました。高齢化する被爆者の援護の充実をあらためて求めます。

原子爆弾により亡くなられた方々に心から哀悼の意を捧《ささ》げ、広島市と協力して核兵器のない世界の実現に努力し続けることをここに宣言します。

〈長崎新聞8月10日付朝刊一面の見出し〉被爆国の原点に返れ／68回目 長崎原爆の日／平和宣言 進む高齢化「継承を」／非核声明 日本不賛同 世界への裏切り◇原爆症訴訟 控訴を断念／大阪地裁判決 首相 長崎で表明

＊

平成24（2012）年　通算64回目

人間は愚かにも戦争をくりかえしてきました。しかし、たとえ戦争であっても許されない行為があります。現在では、子どもや母親、市民、傷ついた兵士や捕虜を殺傷することは「国際人道法」で犯罪とされます。毒ガス、細菌兵器、対人地雷など人間に無差別に苦しみを与え、環境に深刻な損害を与える兵器も「非人道的兵器」として明確に禁止されています。

1945年8月9日午前11時2分、アメリカの爆撃機によって長崎に一発の原子爆弾が投下されました。人間は熱線で黒焦げになり、鉄のレールも折れ曲がるほどの爆風で体が引き裂かれました。皮膚が垂れ下がった裸の人々。頭をもがれた赤ちゃんを抱く母親。元気そうにみえた人々も次々に死んでいきました。その年のうちに約7万4千人の方が亡くなり、約7万5千人の方が負傷しました。生き残った人々も放射線の影響で年齢を重ねるにつれて、がんなどの発病率が高くなり、被爆者の不安は今も消えることはありません。

無差別に、これほどむごく人の命を奪い、長年にわたり人を苦しめ続ける核兵器がなぜいまだに禁止されていないのでしょうか。

昨年11月、戦争の悲惨さを長く見つめてきた国際赤十字・赤新月運動が人道的な立場から「核兵器廃絶へ向かって進む」という決議を行いました。今年5月、ウィーンで開催された「核不拡散条約（NPT）再検討会議」準備委員会では、多くの国が核兵器の非人道性に言及し、16か国が「核軍縮の人道的側面に関する共同声明」を発表しました。今ようやく、核兵器を非人道的兵器に位置付けようとする声が高まりつつあります。それはこれまで被爆地が声の限り叫び続けてきたことでもあります。

しかし、現実はどうでしょうか。

世界には今も1万9千発の核兵器が存在しています。地球に住む私たちは数分で核戦争が始まるかもしれない危険性の中で生きています。広島、長崎に落とされた原子爆弾よりもはるかに凄《すさ》まじい破壊力を持つ核兵器が使われた時、人類はいったいどうなるのでしょうか。

長崎を核兵器で攻撃された最後の都市にするためには、核兵器による攻撃はもちろん、開発から配備にいたるまですべてを明確に禁止しなければなりません。「核不拡散条約（NPT）」を越える新たな仕組みが求められています。そして、すでに私たちはその方法を見いだしています。

その一つが「核兵器禁止条約（ＮＷＣ）」です。２００８年には国連の潘基文事務総長がその必要性を訴え、２０１０年の「核不拡散条約（ＮＰＴ）再検討会議」の最終文書でも初めて言及されました。今こそ、国際社会はその締結に向けて具体的な一歩を踏み出すべきです。

「非核兵器地帯」の取り組みも現実的で具体的な方法です。すでに南半球の陸地のほとんどは非核兵器地帯になっています。今年は中東非核兵器地帯の創設に向けた会議開催の努力が続けられています。私たちはこれまでも「北東アジア非核兵器地帯」への取り組みをいくどとなく日本政府に求めてきました。政府は非核三原則の法制化とともにこうした取り組みを推進して、北朝鮮の核兵器をめぐる深刻な事態の打開に挑み、被爆国としてのリーダーシップを発揮すべきです。

今年4月、長崎大学に念願の「核兵器廃絶研究センター（ＲＥＣＮＡ）」が開設されました。「核兵器のない世界」を実現するための情報や提案を発信し、ネットワークを広げる拠点となる組織です。「ＲＥＣＮＡ」の設立を機に、私たちはより一層力強く被爆地の使命を果たしていく決意です。

核兵器のない世界を実現するためには、次世代への働きかけが重要です。明日から日本政府と国連大学が共催して「軍縮・不拡散教育グローバル・フォーラム」がここ長崎で始まります。

核兵器は他国への不信感と恐怖、そして力による支配という考えから生まれました。次の世代がそれとは逆に相互の信頼と安心感、そして共生という考えに基づいて社会をつくり動かすことができるように、長崎は平和教育と国際理解教育にも力を注いでいきます。

東京電力福島第一原子力発電所の事故は世界を震撼させました。福島で放射能の不安に脅《おび》える日々が今も続いていることに私たちは心を痛めています。長崎市民はこれからも福島に寄り添い、応援し続けます。日本政府は被災地の復興を急ぐとともに、放射能に脅かされることのない社会を再構築するための新しいエネルギー政策の目標と、そこに至る明確な具体策を示してください。原子力発電所が稼働するなかで貯め込んだ膨大な量の高レベル放射性廃棄物の処分も先送りできない課題です。国際社会はその解決に協力して取り組むべきです。

被爆者の平均年齢は77歳を超えました。政府は、今一度、被爆により苦しんでいる方たちの声に真摯《しんし》に耳を傾け、援護政策のさらなる充実に努力してください。

原子爆弾により命を奪われた方々に哀悼の意を表するとともに、今後とも広島市、そして同じ思いを持つ世界の人たちと協力して核兵器廃絶に取り組んでいくことをここに宣言します。

＊

〈長崎新聞8月10日付朝刊一面の見出し〉核兵器の非人道性　訴え／67回目　長崎原爆の日／新エネ政策、道筋を／平和宣言　放射能の脅威なき社会へ／駐日米大使初出席◇首相が被爆校舎視察／城山小文化財登録「手続き進める」

平成23（2011）年　通算63回目

今年3月、東日本大震災に続く東京電力福島第一原子力発電所の事故に、私たちは愕然《がくぜん》としました。爆発によりむきだしになった原子炉。周辺の町に住民の姿はありません。放射線を逃れて避難した人々が、いつになったら帰ることができるのかもわかりません。

「ノーモア・ヒバクシャ」を訴えてきた被爆国の私たちが、どうして再び放射線の恐怖に脅《おび》えることになってしまったのでしょうか。

自然への畏《おそ》れを忘れていなかったか、人間の制御力を過信していなかったか、未来への責任から目をそらしていなかったか……、私たちはこれからどんな社会をつくろうとしているのか、根底から議論をし、選択をする時がきています。

たとえ長期間を要するとしても、より安全なエネルギーを基盤にする社会への転換を図るために、原子力にかわる再生可能エネルギーの開発を進めることが必要です。福島の原発事故が起きるまで、多くの人たちが原子力発電所の安全神話をいつのまにか信じていました。

世界に2万発以上ある核兵器はどうでしょうか。核兵器の抑止力により世界は安全だと信じていないでしょうか。核兵器が使われることはないと思い込んでいないでしょうか。1か所の原発の事故による放射線が社会にこれほど大きな混乱をひきおこしている今、核兵器で人びとを攻撃することが、いかに非人道的なことか、私たちははっきりと理解できるはずです。

世界の皆さん、考えてみてください。私たちが暮らす都市の上空でヒロシマ・ナガサキの数百倍も強大になった核兵器が炸裂《さくれつ》する恐ろしさを。

人もモノも溶かしてしまうほどの強烈な熱線。建物をも吹き飛ばし押しつぶす凄《すさ》まじい爆風。廃墟《はいきょ》には数え切れないほどの黒焦げの死体が散乱するでしょう。生死のさかいでさまよう人々。傷を負った人々。生存者がいたとしても、強い放射能のために助けに行くこともできません。放射性物質は風に乗り、遠くへ運ばれ、地球は広く汚染されます。そして数十年にもわたり後障害に苦しむ人々を生むことになります。

そんな苦しみを未来の人たちに経験させることは絶対にできません。核兵器はいらない。核兵器を人類が保有する理由はなにもありません。

一昨年４月、アメリカのオバマ大統領は、チェコのプラハにおいて「核兵器のない世界」を目指すという演説をおこない、最強の核保有国が示した明確な目標に世界の期待は高まりました。アメリカとロシアの核兵器削減の条約成立など一定の成果はありましたが、その後大きな進展は見られず、新たな模擬核実験を実施するなど逆行する動きさえ見られます。

オバマ大統領、被爆地を、そして世界の人々を失望させることなく、「核兵器のない世界」の実現に向けたリーダーシップを発揮してください。

アメリカ、ロシア、イギリス、フランス、中国など核保有国をはじめとする国際社会は、今こそ核兵器の全廃を目指す「核兵器禁止条約（ＮＷＣ）」の締結に向けた努力を始める時です。日本政府には被爆国の政府として、こうした動きを強く推進していくことを求めます。

日本政府に憲法の不戦と平和の理念に基づく行動をとるよう繰り返し訴えます。「非核三原則」の法制化と、日本と韓国、北朝鮮を非核化する「北東アジア非核兵器地帯」の創設に取り組んでください。また、高齢化する被爆者の実態に即した援護の充実をはかってください。

長崎市は今年、国連や日本政府、広島市と連携して、ジュネーブの国連欧州本部に被爆の惨状を伝える資料を展示します。私たちは原子爆弾の破壊の凄《すさ》まじさ、むごさを世界のたくさんの人々に知ってほしいと願っています。

「核兵器のない世界」を求める皆さん、あなたの街でも長崎市と協力して小さな原爆展を開催してください。世界の街角で被爆の写真パネルを展示してください。被爆地とともに手を取り合い、人間が人間らしく生きるために平和の輪をつなげていきましょう。

1945年8月9日午前11時2分、原子爆弾により長崎の街は壊滅しました。その廃墟《はいきょ》から、私たちは平和都市として復興を遂げました。福島の皆さん、希望を失わないでください。東日本の被災地の皆さん、世界が皆さんを応援しています。一日も早い被災地の復興と原発事故の収束を心から願っています。

原子爆弾により犠牲になられた方々と、東日本大震災により亡くなられた方々に哀悼の意を表し、今後とも広島市と協力し、世界に向けて核兵器廃絶を訴え続けていくことをここに宣言します。

＊

〈長崎新聞8月10日付朝刊一面の見出し〉 原発依存　転換を／66回目　長崎原爆の日／反省と議論促す／平和宣言　核廃絶、米の主導求める◇首相「方向性同じ」／自然エネルギー拡大へ

平成22（2010）年　通算62回目

被爆者の方々の歌声で、今年の平和祈念式典は始まりました。「あの日を二度と繰り返してはならない」という強い願いがこもった歌声でした。

1945年8月9日午前11時2分、アメリカの爆撃機が投下した一発の原子爆弾で、長崎の街は、一瞬のうちに壊滅しました。すさまじい熱線と爆風と放射線、そして、燃え続ける炎……。7万4千人の尊い命が奪われ、かろうじて死を免れた人びとの心と体にも、深い傷が刻みこまれました。

あの日から65年、「核兵器のない世界」への道を一瞬もあきらめることなく歩みつづけ、精一《いっ》杯《ぱい》歌う被爆者の姿に、私は人間の希望を感じます。

核保有国の指導者の皆さん、「核兵器のない世界」への努力を踏みにじらないでください。

今年5月、核不拡散条約（NPT）再検討会議では、当初、期限を定めた核軍縮への具体的な道筋が議長から提案されました。この提案を核兵器をもたない国々は広く支持しました。世界中からニューヨークに集まったNGOや、私たち被爆地の市民の期待も高まったのです。

その議長案をアメリカ、ロシア、イギリス、フランス、中国の核保有国の政府代表は退けてしまいました。核保有国が核軍縮に誠実に取り組まなければ、それに反発して、新たな核保有国が現れて、世界は逆に核拡散の危機に直面することになります。NPT体制は核兵器保有国を増やさないための最低限のルールとしてしっかりと守っていく必要があります。

核兵器廃絶へ向けて前進させるために、私たちは、さらに新しい条約が必要と考えます。潘基文国連事務総長はすでに国連加盟国に「核兵器禁止条約」の検討を始めるように呼びかけており、NPT再検討会議でも多くの国がその可能性に言及しました。すべての国に、核兵器の製造、保有、使用などのいっさいを平等に禁止する「核兵器禁止条約」を私たち被爆地も強く支持します。

長崎と広島はこれまで手を携えて、原子爆弾の惨状を世界に伝え、核兵器廃絶を求めてきました。被爆国である日本政府も、非核三原則を国是とすることで非核の立場を明確に示してきたはずです。しかし、被爆から65年が過ぎた今年、政府は「核密約」の存在をあきらかにしました。非核三原則を形骸化してきた過去の政府の対応に、私たちは強い不信を抱いています。さらに最近、NPT未加盟の核保有国であるインドとの原子力協定の交渉を政府は進めています。これは、被爆国自らNPT体制を空洞化させるものであり、到底、容認できません。

日本政府は、なによりもまず、国民の信頼を回復するために、非核三原則の法制化に着手すべきです。また、核の傘に頼らない安全保障の実現のために、日本と韓国、北朝鮮の非核化を目指すべきです。「北東アジア非核兵器地帯」構想を提案し、被爆国として、国際社会で独自のリーダーシップを発揮してください。

ＮＰＴ再検討会議において、日本政府はロシアなど41か国とともに「核不拡散・軍縮教育に関する共同声明」を発表しました。私たちはそれに賛同すると同時に、日本政府が世界の若い世代に向けて核不拡散・軍縮教育を広げていくことを期待します。長崎には原子爆弾の記憶と爪あとが今なお残っています。心と体の痛みをこらえつつ、自らの体験を未来のために語ることを使命と考える被爆者がいます。被爆体験はないけれども、被爆者たちの思いを受け継ぎ、平和のために行動する市民や若者たちもいます。長崎は核不拡散・軍縮教育に被爆地として貢献していきます。

世界の皆さん、不信と脅威に満ちた「核兵器のある世界」か、信頼と協力にもとづく「核兵器のない世界」か、それを選ぶのは私たちです。私たちには、子供たちのために、核兵器に脅かされることのない未来をつくりだしていく責任があります。一人ひとりは弱い小さな存在であっても、手をとりあうことにより、政府を動かし、新しい歴史をつくる力になれます。私たちの意志を明確に政府に伝えていきましょう。

世界には核兵器廃絶に向けた平和の取り組みを続けている多くの人々がいます。長崎市はこうした人々と連携し、被爆地と心をひとつにした地球規模の平和市民ネットワークをはりめぐらせていきます。

被爆者の平均年齢は76歳を越え、この式典に参列できる被爆者の方々も、少なくなりました。国内外の高齢化する被爆者救済の立場から、さらなる援護を急ぐよう日本政府に求めます。

原子爆弾で亡くなられた方々に、心から哀悼の意を捧《ささ》げ、世界から核兵器がなくなる日まで、広島市とともに最大限の努力を続けていくことを宣言します。

＊

〈長崎新聞8月10日付朝刊一面の見出し〉 核廃絶へ最大限努力／保有5カ国を批判／平和宣言 市民の連携呼び掛け／65回目 長崎原爆の日◇非核三原則の法制化／首相「検討してみたい」／抑止力 あらためて容認

平成21（２００９）年　通算61回目

今、私たち人間の前にはふたつの道があります。

ひとつは、「核兵器のない世界」への道であり、もうひとつは、64年前の広島と長崎の破壊をくりかえす滅亡の道です。

今年4月、チェコのプラハで、アメリカのバラク・オバマ大統領が「核兵器のない世界」を目指すと明言しました。ロシアと戦略兵器削減条約（ＳＴＡＲＴ）の交渉を再開し、空も、海も、地下も、宇宙空間でも、核実験をすべて禁止する「包括的核実験禁止条約」（ＣＴＢＴ）の批准を進め、核兵器に必要な高濃縮ウランやプルトニウムの生産を禁止する条約の締結に努めるなど、具体的な道筋を示したのです。「核兵器を使用した唯一の核保有国として行動する道義的な責任がある」という強い決意に、被爆地でも感動がひろがりました。

核超大国アメリカが、核兵器廃絶に向けてようやく一歩踏み出した歴史的な瞬間でした。

しかし、翌5月には、国連安全保障理事会の決議に違反して、北朝鮮が2回目の核実験を強行しました。世界が核抑止力に頼り、核兵器が存在するかぎり、こうした危険な国家やテロリストが現れる可能性はなくなりません。北朝鮮の核兵器を国際社会は断固として廃棄させるとともに、核保有5カ国は、自らの核兵器の削減も進めるべきです。アメリカとロシアはもちろん、イギリス、フランス、中国も、核不拡散条約（ＮＰＴ）の核軍縮の責務を誠実に果たすべきです。

さらに徹底して廃絶を進めるために、昨年、潘基文国連事務総長が積極的な協議を訴えた「核兵器禁止条約」（NWC）への取り組みを求めます。インドやパキスタン、北朝鮮はもちろん、核兵器を保有するといわれるイスラエルや、核開発疑惑のイランにも参加を求め、核兵器を完全に廃棄させるのです。

日本政府はプラハ演説を支持し、被爆国として、国際社会を導く役割を果たさなければなりません。また、憲法の不戦と平和の理念を国際社会に広げ、非核三原則をゆるぎない立場とするための法制化と、北朝鮮を組み込んだ「北東アジア非核兵器地帯」の実現の方策に着手すべきです。

オバマ大統領、メドベージェフ・ロシア大統領、ブラウン・イギリス首相、サルコジ・フランス大統領、胡錦濤・中国国家主席、さらに、シン・インド首相、ザルダリ・パキスタン大統領、金正日・北朝鮮総書記、ネタニヤフ・イスラエル首相、アフマディネジャド・イラン大統領、そしてすべての世界の指導者に呼びかけます。

被爆地・長崎へ来てください。

原爆資料館を訪れ、今も多くの遺骨が埋もれている被爆の跡地に立ってみてください。1945年8月9日11時2分の長崎。強力な放射線と、数千度もの熱線と、猛烈な爆風で破壊され、凄《すさ》まじい炎に焼き尽くされた廃墟《はいきょ》の静寂。7万4千人の死者の沈黙の叫び。7万5千人もの負傷者の呻《うめ》き。犠牲者の無念の思いに、だれもが心ふるえるでしょう。

かろうじて生き残った被爆者にも、みなさんは出会うはずです。高齢となった今も、放射線の後障害に苦しみながら、自らの経験を語り伝えようとする彼らの声を聞くでしょう。被爆の経験は共有できなくても、核兵器廃絶を目指す意識は共有できると信じて活動する若い世代の熱意にも心うごかされることでしょう。

今、長崎では「平和市長会議」を開催しています。来年2月には国内外のＮＧＯが集まり、「核兵器廃絶—地球市民集会ナガサキ」も開催します。来年の核不拡散条約再検討会議に向けて、市民とＮＧＯと都市が結束を強めていこうとしています。

長崎市民は、オバマ大統領に、被爆地・長崎の訪問を求める署名活動に取り組んでいます。歴史をつくる主役は、私たちひとりひとりです。指導者や政府だけに任せておいてはいけません。世界のみなさん、今こそ、それぞれの場所で、それぞれの暮らしの中で、プラハ演説への支持を表明する取り組みを始め、「核兵器のない世界」への道を共に歩んでいこうではありませんか。

原子爆弾が投下されて64年の歳月が流れました。被爆者は高齢化しています。被爆者救済の立場から、実態に即した援護を急ぐように、あらためて日本政府に要望します。

原子爆弾で亡くなられた方々のご冥福を心からお祈りし、核兵器廃絶のための努力を誓い、ここに宣言します。

＊

〈長崎新聞8月10日付朝刊一面の見出し〉　核なき世界　共に歩もう／64回目　長崎原爆の日／平和宣言　オバマ氏演説を評価／「歴史の主役　私たち」◇非核三原則の法制化検討／民主・鳩山氏　消極姿勢から転換◇核先制不使用に否定的／首相「抑止のバランス崩す」

平成20（２００８）年　通算60回目

あの日、この空にたちのぼった原子雲を私たちは忘れません。

１９４５年８月９日午前11時２分、アメリカ軍機が投下した一発の原子爆弾が、巨大な火の玉となって長崎のまちをのみこみました。想像を絶する熱線と爆風、放射線。崩れ落ちる壮麗な天主堂。廃墟《はいきょ》に転がる黒焦げの亡骸。無数のガラスの破片が突き刺さり、皮膚がたれさがった人々が群れをなし、原子野には死臭がたちこめました。

７万４千人の人々が息絶え、７万５千人が傷つき、かろうじて生き残った人々も貧困や差別に苦しみ、今なお放射線による障害に心もからだもおびやかされています。

今年は、長崎市最初の名誉市民、永井隆博士の生誕１００周年にあたります。博士は長崎医科大学で被爆して重傷を負いながらも、医師として被災者の救護に奔走し、「原子病」に苦しみつつ「長崎の鐘」などの著書を通じて、原子爆弾の恐ろしさを広く伝えました。「戦争に勝ちも負けもない。あるのは滅びだけである」という博士の言葉は、時を超えて平和の尊さを世界に訴え、今も人類に警鐘を鳴らし続けています。

「核兵器のない世界に向けて」と題するアピールが、世界に反響を広げています。執筆者はアメリカの歴代大統領のもとで、核政策を推進してきた、キッシンジャー元国務長官、シュルツ元国務長官、ペリー元国防長官、ナン元上院軍事委員長の４人です。

４人は自国のアメリカに包括的核実験禁止条約（ＣＴＢＴ）の批准を促し、核不拡散条約（ＮＰＴ）再検討会議で合意された約束を守るよう求め、すべての核保有国の指導者たちに、核兵器のない世界を共同の目的として、核兵器削減に集中して取り組むことを呼びかけています。

これらは被爆地から私たちが繰り返してきた訴えと重なります。

私たちはさらに強く核保有国に求めます。まず、アメリカがロシアとともに、核兵器廃絶の努力を率先して始めなければなりません。世界の核弾頭の95％を保有しているといわれる両国は、ヨーロッパへのミサイル防衛システムの導入などを巡って対立を深めるのではなく、核兵器の大幅な削減に着手すべきです。英国、フランス、中国も、核軍縮の責務を真摯《しんし》に果たしていくべきです。

国連と国際社会には、北朝鮮、パキスタン、イスラエルの核兵器を放置せず、イランの核疑惑にも厳正な対処を求めます。また、アメリカとの原子力協力が懸念されるインドにも、NPT及びCTBTへの加盟を強く促すべきです。

我が国には、被爆国として核兵器廃絶のリーダーシップをとる使命と責務があります。日本政府は朝鮮半島の非核化のために、国際社会と協力して北朝鮮の核兵器の完全な廃棄を強く求めていくべきです。また、日本国憲法の不戦と平和の理念にもとづき、非核三原則の法制化を実現し、「北東アジア非核兵器地帯」創設を真剣に検討すべきです。

長崎では、高齢の被爆者が心とからだの痛みにたえながら自らの体験を語り、若い世代は「微力だけど無力じゃない」を合言葉に、核兵器廃絶の署名を国連に届ける活動を続け、市民は平和案内人として被爆の跡地に立ち、その実相を伝えています。医療関係者は、生涯続く被爆者の健康問題に真摯《しんし》に対応しています。

来年、私たちは広島市と協力して、世界の2，300を超える都市が加盟している平和市長会議の総会を長崎で開催します。世界の都市と結束して、2010年のNPT再検討会議に向けて核兵器廃絶のアピール活動を展開していきます。国内の非核宣言自治体にも、長崎市が強く呼びかけて活動の輪を広げていきます。

核兵器の使用と戦争は、地球全体の環境をも破壊します。核兵器の廃絶なくして人類の未来はありません。世界のみなさん、若い世代やＮＧＯのみなさん、核兵器に「ＮＯ！」の意志を明確に示そうではありませんか。

被爆から63年が流れ、被爆者は高齢化しています。日本政府には国内外の被爆者の実態に即した援護を急ぐよう重ねて要求します。ここに原子爆弾で亡くなられた方々の御霊《みたま》の平安を心から祈り、核兵器廃絶と世界恒久平和の実現に力を尽くすことを宣言します。

＊

〈長崎新聞８月10日付朝刊一面の見出し〉「非核が世界の潮流」／国に主導的役割促す／平和宣言　被爆者援護充実求める／63回目　長崎原爆の日

平成19（２００７）年　通算59回目

「この子どもたちに何の罪があるのでしょうか」

原子爆弾の炎で黒焦げになった少年の写真を掲げ、12年前、就任まもない伊藤一長前長崎市長は、国際司法裁判所で訴えました。本年4月、その伊藤前市長が暴漢の凶弾にたおれました。「核兵器と人類は共存できない」と、被爆者とともに訴えてきた前市長の核兵器廃絶の願いを、私たちは受け継いでいきます。

１９４５年8月9日、午前11時2分、米軍爆撃機から投下された1発の原子爆弾が、地上５０0メートルで炸裂《さくれつ》しました。

猛烈な熱線や爆風、大量の放射線。

７万４千人の生命が奪われ、７万５千人の方々が深い傷を負い、廃墟《はいきょ》となった大地も、川も、亡骸《なきがら》で埋まりました。平和公園の丘に建つ納骨堂には、９千もの名も知れない遺骨が、今なお、ひっそりと眠っています。

「核兵器による威嚇と使用は一般的に国際法に違反する」という、１９９６年の国際司法裁判所の勧告的意見は、人類への大いなる警鐘でした。２０００年の核不拡散条約（ＮＰＴ）再検討会議では、核保有国は、全面的核廃絶を明確に約束したはずです。

しかしながら、核軍縮は進まないばかりか、核不拡散体制そのものが崩壊の危機に直面しています。米国、ロシア、英国、フランス、中国の核保有5か国に加え、インド、パキスタン、北朝鮮も自国を守ることを口実に、新たに核兵器を保有しました。中東では、事実上の核保有国と見なされているイスラエルや、イランの核開発疑惑も、核不拡散体制をゆるがしています。

新たな核保有国の出現は、核兵器使用の危険性を一層高め、核関連技術が流出の危険にさらされています。米国による核兵器の更新計画は、核軍拡競争を再びまねく恐れがあります。

米国をはじめとして、すべての核保有国は、核の不拡散を主張するだけではなく、まず自らが保有する核兵器の廃絶に誠実に取り組んでいくべきです。科学者や技術者が核開発への協力を拒むことも、核兵器廃絶への大きな力となるはずです。

日本政府は、被爆国の政府として、日本国憲法の平和と不戦の理念にもとづき、国際社会において、核兵器廃絶に向けて、強いリーダーシップを発揮してください。

すでに非核兵器地帯となっているカザフスタンなどの中央アジア諸国や、モンゴルに連なる「北東アジア非核兵器地帯構想」の実現を目指すとともに、北朝鮮の核廃棄に向けて、６か国協議の場で粘り強い努力を続けてください。

今日、被爆国のわが国においてさえも、原爆投下への誤った認識や核兵器保有の可能性が語られるなか、単に非核三原則を国是とするだけではなく、その法制化こそが必要です。

長年にわたり放射線障害や心の不安に苦しんでいる国内外の被爆者の実情に目を向け、援護施策のさらなる充実に早急に取り組んでください。被爆者の体験を核兵器廃絶の原点として、その非人道性と残虐性を世界に伝え、核兵器の使用はいかなる理由があっても許されないことを訴えてください。

爆心地に近い山王神社では、2本のクスノキが緑の枝葉を大きく空にひろげています。62年前、この2本の木も黒焦げの無残な姿を原子野にさらしていました。それでもクスノキはよみがえりました。被爆2世となるその苗は、平和を願う子どもたちの手で配られ、今、全国の学校やまちで、すくすくと育っています。時が経《た》ち、世代が代わろうとも、たとえ逆風が吹き荒れようとも、私たちは核兵器のない未来を、決して諦めません。

被爆62周年の原爆犠牲者慰霊平和祈念式典にあたり、原子爆弾の犠牲になられた方々の御霊《みたま》の平安をお祈りし、広島市とともに、核兵器の廃絶と恒久平和の実現に力を尽くしていくことを宣言します。

＊

〈**長崎新聞8月10日付朝刊一面の見出し**〉被爆国の自覚を／62回目 長崎原爆の日／田上市長、政府に促す／平和宣言 非核三原則法制化迫る◇久間発言 首相、あらためて謝罪／「被爆者の心傷つけた」

市長 田上富久氏に聞く

２００７（平成19）年４月に就任して以来、市長４期目（１期４年）の田上富久氏に「平和宣言」について聞いた。（22年３月＝聞き手・早稲田大学出版部 谷俊宏）

――ロシアが２０２２年２月24日ウクライナへの侵略を開始しました。軍事作戦を開始してから間を置かず、ロシアのプーチン大統領は核兵器の使用を示唆しました。

田上　国連安全保障理事会の常任理事国が軍事侵攻中に、核兵器の保有を盾にして隣国や他国を脅迫する例は聞いたことがありません。私たちは、今回の出来事で、一人の人間の判断によって核兵器が実際に使われてしまう恐れがある、という現実をまざまざと見せつけられました。米国のクリントン政権で国防長官だったウィリアム・ペリー氏は、核戦争はヒューマンエラーや機械の故障を原因とする誤警報などで開始される可能性が高いと再三警告していますが、その可能性の一つが一人のリーダーの誤った行為によって核のボタンが押されるケースです。今回、あらためてその可能性を身近に感じました。核の大惨事は遠い未来の危機ではありません。「今ここにある危機」です。地球上の生命に壊滅的事態をもたらす恐れがある核戦争を避けるには、核のボタンをやめるしかないというペリー氏の警告に、今こそ耳を傾けるべきであると思います。

――毎年8月9日に長崎市の平和公園で歴代の市長が「平和宣言」を読み上げてきました。ウクライナ侵略を前にして、平和が破られたことへの無力感や絶望感、悔しさはありませんか。

田上　戦後80年近くにわたって核兵器が使用されなかったのは、被爆者が先頭に立って核兵器廃絶を訴えてきたからこそであり、私たちが無力感に打ちひしがれて声を上げるのをやめたり、核兵器廃絶をあきらめたりすることこそ、三度目の核兵器使用の可能性を高めることにつながります。プーチン氏による核兵器使用の脅迫発言を受けてすぐに「被爆地長崎は強い憤りを感じている」という市長コメント（2月25日付）を出しました。さらにプーチン氏が核戦力を含む軍の戦力を特別態勢にするよう命じたことから、広島市の松井一實市長と連名で「地球上に、広島、長崎に続く、第三の戦争被爆地を生むことは絶対にあってはならない」とする抗議文（2月28日付）をロシアに送りました。長崎の高校生たちが始めた核廃絶のための「高校生一万人署名活動」の合言葉は「微力だけど無力じゃない」です。無力感でうなだれるのではなく、できることを考える。今回の出来事を、核兵器が使われるかもしれないという危機感を世界の人たちと共有する機会にしなければならないと考えています。

――「戦争の歴史」は20世紀で終わったわけではないことがはっきりしました。米国のアフガニスタン侵攻とイラク戦争。そしてロシアによるクリミア併合にウクライナ侵略です。

田上　日本の歩んだ道を振り返ると、約90年前に満州事変があり、約80年前に日米開戦がありました。戦端が次々と開かれた中で、最後に広島と長崎への原爆投下がありました。原爆は戦争があったから投下されたものであり、戦争こそが繰り返してはならない元凶です。以前、カザフスタンの核実験場の跡地に行ったことがあります。ソ連時代に核実験が繰り返され、自国民に多くの被害を与えたといわれている場所です。そこに立っていると、不信感、恐怖感、力による解決という心理の連鎖が生む狂気を強く感じました。外国との間に不信感が生まれ、それがやがて恐怖感に姿を変える。それを力で解決しようとすると戦争が始まるのです。これこそが「戦争の文化」だと思います。21世紀になっても、そこから抜け出せていない。核兵器の存在はその象徴です。不信から始まるサイクルを逆の方向に回さなければなりません。「平和宣言」の中でも、市民社会の中で小さな信頼を築いていくことがやがて平和につながるというメッセージを発信しています。不信感から始まるサイクルではなく、信頼から始まるサイクルを築こう、というメッセージです。

――「平和宣言」の基調は何でしょうか。

田上　平和宣言は、原爆犠牲者慰霊平和祈念式典の中で読み上げられます。式典の名称で分かるように、平和宣言の基調にあるのは「原爆犠牲者の慰霊」と「平和の実現」です。さらに、平和の実現には「核兵器廃絶」と「世界恒久平和の実現」が含まれます。

――その基調は広島と同じでしょうか。

田上　同じだと思います。もちろん核兵器に関しては、いくつか微妙な違いはあります。広島は世界で初めて核兵器が使われた都市であり、長崎は二度目に使われた都市です。広島の「最初」が変わることはありませんが、長崎の「最後」は変わるかもしれません。三度目に使われることがあれば、そこがその時点での「最後」になるからです。それはあってはならないことであり、だからこそ長崎では「長崎を最後の被爆地に」という言葉が重要な意味を持って共有されています。ウラン型とプルトニウム型という違いも含めて広島と長崎には微妙な違いはありますが、平和宣言の中に込められている「世界の誰にも、二度と同じ体験をさせない」という確固たる思いはまったく同じです。

――毎年、「平和宣言」をつくる上で心がけていることはありますか。

田上　私が大切にしているのは「共感」です。核兵器廃絶が直面している課題の一つは、世界の人たちがこの問題を自分事としてとらえることの難しさにあると考えています。核兵器廃絶を実現するためには、政府だけでなく、市民社会の一人ひとりに、核兵器の存在は広島と長崎の問題ではなく、世界全体が直面している今と未来の問題なのだと気づいてもらうことが必要です。そのためには平和宣言も「長崎の声」であると同時に、「私の声」と受け止めてもらいたい。だからこそ多くの人に共感してもらえる平和宣言にしたいと考えています。

――長崎市の平和宣言文起草委員会の位置づけ、役割は何でしょうか。

田上　起草委員会は１９７４年に設けられました。長崎市民の多様な視点や意見を反映させるのが目的です。宣言は市長が作るものと位置付けられていますが、そこに多様な意見や助言が加わることで、宣言をよりよいものにするための仕組みです。具体的な進め方としては、長崎原爆の日（８月９日）を目指して毎年、３回の委員会を開きます。必要ならその後に小委員会を開き、成案をまとめ上げます。この間、約２か月半をかけます。委員長は私が務め、ここ数年は学識経験者や被爆者、学生など15人ほどの委員で構成しています。第１回目の委員会では、各委員から今年の宣言に含ませたいと考える内容について、自由に意見を出してもらいます。1回目の最後に、私の基本的な考え方をお示しします。それを組み合わせて素案を作り、第2回目の委員会でそれについて議論します。活発な意見が交わされ、素案はいつもボコボコになります（笑）。でも、その厳しい意見が素案を育ててくれます。そのおかげで、第3回目の委員会にはかなり成案に近い案を提出することができます。ここまでの3回の会議は、マスコミも含めたオープンな場で行われます。市民の傍聴も可能です。第3回目の会議を受けて、必要によって数人による小委員会を招集して最後の仕上げをします。宣言の内容についての責任はもちろん市長の私が負いますが、「今年の長崎平和宣言としてふさわしいものをつくろう」という目標を全起草委員と共有しながら進むこの協働のプロセスはとても機能していると思います。起草委員の皆さんの理解と協力があってはじめて成り立つ方式ですね。

――起草委員会ではさまざまな意見が出ると思います。委員会を運営するときに心がけていることがあれば教えてください。

田上　どんな仕組みにも一長一短ありますが、起草委員会方式にも気をつけなければならない点があります。一番気をつけているのは、意見の寄せ集めになって箇条書きのような宣言にならならないようにすることです。宣言は市長が作成するものなので、当然、自分で納得した言葉しか使いません。長崎市長という一人の人格が納得して紡いだ言葉だからこそ筋の通った宣言になります。平和宣言は、あくまでも長崎市長が市民を代表して発するものだという原点を忘れないこと。それが起草委員会方式を生かすための最も大切なポイントだと考えています。

――昨年よりいいものをと考えますか。

田上　いいえ。あくまでも時代の流れを踏まえながら、「今年の長崎平和宣言」としてふさわしいものをつくろうというスタンスです。最近は若い委員に加わってもらっていますが、その意見はとても新鮮です。同じ言葉でも、世代によって受け取り方が違うことがよく分かります。間違いなく起草委員会に新しい風を吹き込んでくれています。いずれにしても、起草委員会の皆さんとチームになって毎年全力で取り組むので、完成した時は力を出し尽くした感じになります。

――２０１９年の宣言からここ数年、被爆者の手記を引用されています。これはなぜですか。

田上　２０１８年の起草委員会で委員の一人から提案があったのがきっかけです。それを機にあらためて被爆者の手記や詩、俳句、短歌などをかなり探しました。その中から山口カズ子さんの詩を見つけることができました。「目を閉じて聴いてください」から始まるこの年の宣言は反響も大きく、あらためて被爆者の言葉の力を感じました。それ以来、ここ数年は被爆者の言葉を引用しています。

――被爆者の声の力は大きいですね。その被爆者が高齢化し、少しずつ少なくなっている。これは大きな変化です。

田上　私は被爆者の体験談を聴きながら、「もし自分ならこんなふうに話すことができるだろうか」と考えることがあります。話すためには思い出さなければなりません。でも人は心の容量を超える体験をしたとき、その記憶を封印してしまうことがあります。話すということは、心の中の深い傷のかさぶたを自ら剥がすことだと思うのです。心の中に血を流しながら話してくれる気持ちを思うと、本当に勇気のある行為だと思います。なぜその勇気が生まれるのか。それは、二度と同じ体験を世界の誰にもさせてはならない、という強い思い。そして生き残った者として、亡くなっていった人たちのためにも伝えなければならないという使命感だと思います。それは核兵器廃絶運動の原点です。「被爆者のいない時代」が訪れたとしても、その思いは引き継がれなければならない。私は、被爆者の「体験」は共有できないけれど、核兵器をなくしたいという「思い」は共有できると思っています。今、若い人たちの活動が少しずつ広がっているのは、その証でもあります。

――宣言の中で、２０１１年は東日本大震災に伴う東電福島第一原発事故、17年は核兵器禁止条約の採択、20年と21年は新型コロナウイルスに触れました。これは時代の流れをおさえた内容ということになりますか。

田上　そうですね。少し長いスパンの「流れ」を踏まえるとともに、その時々の出来事のタイミングを的確におさえた発信はとても大事だと思っています。特に福島での原発事故や新型コロナウイルスのパンデミック化は「起きないだろう」と思っていたことが起きるという人類史的な経験でした。同じことが核兵器にも言えます。「使われないだろう」というのは希望的観測にすぎません。しかも、いったん起きると取り返しがつかないことになる。そのことに気づいてもらうためにどんなメッセージがふさわしいか、起草委員会の中でもかなり議論しました。また、17年には核兵器禁止条約が国連で採択されました。平和祈念式典の１か月前です。被爆者の長年の努力が実った条約でしたので、平和宣言ではかなりのスペースを条約にあてました。それは条約に対する期待の表れでもありました。これからもこういった時宜を捉えた発信を心がけたいと思っています。

――核兵器禁止条約は2021年1月22日に発効しました。非人道的な核兵器を史上初めて違法とする条約は、核兵器の開発、実験、使用、使用の威嚇などすべてを禁止しています。この間、日本政府は条約締結に冷淡で、署名・批准する動きはありません。

田上　条約の成立には国際NGO（非政府組織）の核兵器廃絶国際キャンペーン（ICAN）が大きな役割を果たしました。それが認められ、2017年にノーベル平和賞を受賞しました。広島・長崎の被爆者も、条約の成立に向けて後押ししました。それでも日本は会議に参加せず、条約の「生みの親」になることはできませんでした。ただ、今からでも「育ての親」になることはできます。条約そのものがまだ完全なものではないからです。これから締約国を増やすとともに、条約を完全なものに育てていくプロセスが始まります。それに深く関わることで「育ての親」としての役目を果たせるはずです。ロシアのウクライナ侵略という事態が発生した今こそ、核戦争の危機を伝え、回避する道をつくるプロセスに貢献すべきです。唯一の戦争被爆国として、日本政府は核兵器の一日も早い廃絶を訴える権利と責任があります。核戦争の体験国が語る「核戦争は絶対にやってはいけない」というメッセージは、国際社会で説得力を持ち得ます。広島出身の岸田文雄総理には、これまでの政府の姿勢からぜひ一歩踏み出してほしい。核兵器禁止条約の締約国会議にオブザーバー参加し、核軍縮にリーダーシップを発揮してほしいと思います。

――核使用を示唆するプーチン氏の発言をきっかけに、米国の核兵器を同盟国で共有して運用する「核共有」について、日本も議論を進める必要があると安倍晋三元総理が提起しました。

田上　岸田総理は参議院予算委員会などで「非核三原則を堅持するわが国の立場から認められない」と核共有の検討を否定する答弁を繰り返しています。国会答弁ですから、政府として核共有を進める考えはないと思います。しかし、核共有が現実の選択肢になることが許されないにもかかわらず、今回のような動きが出てくるのを見ていると、「非核三原則」が法的に不安定であることがよく分かります。平和宣言文の起草委員会でも非核三原則の法制化を求める意見がたびたび出ます。特に被爆者の委員から聞かれます。誰かが非核三原則を変えたり捨てたりしてしまうのではないかという不安が強いからです。「非核三原則の法制化」への言及は、近年の平和宣言の中にはないように見えますが、実は北東アジア非核兵器地帯の提案の中に含まれています。非核兵器地帯を設置する条約が実現すれば、加入した国は自国内に核兵器を配置できなくなるからです。さらには、条約の付属議定書を核保有国が批准すると、地帯内の国家には核攻撃をしないという確約が得られることになります。核保有国の核政策を縛ることになるため、世界中の核が完全に廃棄されるまでの間、重要な役割を果たします。これまでにラテンアメリカ、南太平洋、東南アジア、アフリカ、中央アジアの5つの地域で非核兵器地帯に関する条約が結ばれています。これは核兵器が存在する中でも核戦争を起こさないために人間の知恵が生み出した安全保障の仕組みであり、核兵器禁止条約や日米安保条約とも並立可能です。「核兵器のない世界」を日本が目指すのであれば、非核三原則の厳守に加え、中・長期的な視点から非核兵器地帯の研究を進め、北東アジアの緊張緩和を主導するのが本来の姿ではないでしょうか。日本政府から具体的な反応はありませんが、ぜひ検討してほしいと思います。

――2021年の平和宣言は、被爆100年に向けた次の25年の課題について触れました。「被爆者のいない時代」を迎えることを見越してのことだと思います。これからの平和行政、平和研究、平和学習、平和活動はどうあるべきでしょうか。

田上　核兵器の存在は、地球温暖化の問題と同じように、私たちが暮らす地球全体の危機につながる問題です。しかも、世界全体が直面している課題の中でも、差し迫った問題なのです。被爆地以外では、原爆が落とされた後に原子雲の下で何が起きたのか、を知る機会が身近にありません。そのために危機を体感することが難しく、核兵器がもたらす怖さは、まだ世界に知られていないと言っていいと思います。被爆者が体験を話してくれるのは、まさに危機を伝える「警告」なのですが、その被爆者が年々少なくなっています。これから訪れる「被爆者のいない時代」にどう事実を伝え、3つ目の戦争被爆地が生まれることを防いでいくか。そのためにできるあらゆることを、国連、地方政府を含む政府、専門家、NGO、企業、市民社会が力を合わせて取り組むことが必要です。核兵器のない世界に向かうスタートは「知ること・感じること」です。「原子雲の下で何があったのか？」を知る。核兵器をめぐる現状を知る。それが始まりだと思います。世界各国のリーダーたちに被爆地訪問を呼びかけているのもそのためです。現状は、事実をよく知らずに軍事バランスや国益など「原子雲の上からの視点」で議論されがちだからです。ただ、現実に核兵器をなくすためには条約を作る政策的な力や政治的な力が必要です。長崎市の名誉市民でもある元長崎大学学長の故土山秀夫先生は、長年、起草委員会のメンバーでもありましたが、よく「理性と感性」の両方が必要だと述べられました。「感性」が先行する被爆地に「理性」を持ち込むという意味では、2012年に長崎大学核兵器廃絶研究センター（RECNA）が誕生したことはとても大きな進化でした。政策立案力の向上はもちろんですが、長崎発の新たな研究者ネットワークが生まれ、さらに学生を中心とした若い世代の活動が活発になりました。これからもＲＥＣＮＡとしっかりスクラムを組んでいきたいと思います。

――日本非核宣言自治体協議会の会長を務められています。その重点活動や課題、展望を教えてください。

田上　日本非核宣言自治体協議会（通称・非核協）は１９８４年に広島県府中町で設立されました。長崎市が会長になったのは２０００年からです。いま、日本の自治体の９割以上が非核都市宣言や平和都市宣言などを行っています。しかし、単独の自治体ではさまざまな活動のノウハウの蓄積が難しく、また発信力にも限界があります。非核協はそういう自治体がネットワークを形成することで、平和行政について学んだり、発信ツールを共同開発したり、非核協としてさまざまな発信をしたりしています。私が感じているジレンマの一つに、広島と長崎が声高に発信すればするほど、平和や核兵器の問題が広島と長崎の専管事項のように見えてしまうという点があります。平和や核兵器の問題については、すべての自治体が危機に直面している当事者であるにもかかわらず、です。その誤解は広島、長崎以外の自治体が広島、長崎と同じメッセージを発する時に解けると思うのです。その意味で、非核協の仲間や、世界各地の自治体のトップが参加する平和首長会議の仲間の存在はとても心強いものです。今後は、被爆体験とともに失われつつある戦争体験の継承というテーマを共有しながら、会員自治体がより主体性を持って取り組める活動を構築していきたいと考えています。

――今年8月の平和宣言は市長４期目では最後の平和宣言になります。期するところはありますか。

田上　ロシアのウクライナ侵略があった年の平和宣言なので、起草委員会でもさまざまな議論が交わされることになると思います。長崎からのメッセージとして、今年ならではの平和宣言をつくりあげたいと思います。

第2章
平和宣言

伊藤一長市長
（2006～1995年）

平和宣言を読む伊藤氏（2004年８月９日＝長崎市提供）

平成18（2006）年　通算58回目

「人間は、いったい何をしているのか」

被爆から61年目を迎えた今、ここ長崎では怒りといらだちの声が渦巻いています。

1945年8月9日11時2分、長崎は一発の原子爆弾で壊滅し、一瞬にして、7万4千人の人々が亡くなり、7万5千人が傷つきました。人々は、強烈な熱線に焼かれ、凄《すさ》まじい爆風で吹き飛ばされ、恐るべき放射線を身体に浴び、現在も多くの被爆者が後障害に苦しんでいます。生活や夢を奪われた方々の無念の叫びを、忘れることはできません。

しかし、未《いま》だに世界には、人類を滅亡させる約3万発もの核兵器が存在しています。

10年前、国際司法裁判所は、核兵器による威嚇と使用は一般的に国際法に違反するとして、国際社会に核廃絶の努力を強く促しました。

6年前、国連において、核保有国は核の拡散を防ぐだけではなく、核兵器そのものの廃絶を明確に約束しました。

核兵器は、無差別に多数の人間を殺りくする兵器であり、その廃絶は人間が絶対に実現すべき課題です。

昨年、１８９か国が加盟する核不拡散条約の再検討会議が、成果もなく閉幕し、その後も進展はありません。

核保有国は、核軍縮に真摯《しんし》に取り組もうとせず、中でも米国は、インドの核兵器開発を黙認して、原子力技術の協力体制を築きつつあります。一方で、核兵器保有を宣言した北朝鮮は、我が国をはじめ世界の平和と安全を脅かしています。また、すでに保有しているパキスタンや、事実上の保有国と言われているイスラエルや、イランの核開発疑惑など、世界の核不拡散体制は崩壊の危機に直面しています

核兵器の威力に頼ろうとする国々は、今こそ、被爆者をはじめ、平和を願う人々の声に謙虚に耳を傾け、核兵器の全廃に向けて、核軍縮と核不拡散に誠実に取り組むべきです。

また、核兵器は科学者の協力なしには開発できません。科学者は、自分の国のためだけではなく、人類全体の運命と自らの責任を自覚して、核兵器の開発を拒むべきです。

繰り返して日本政府に訴えます。被爆国の政府として、再び悲惨な戦争が起こることのないよう、歴史の反省のうえにたって、憲法の平和理念を守り、非核三原則の法制化と北東アジアの非核兵器地帯化に取り組んでください。さらに、高齢化が進む国内外の被爆者の援護の充実を求めます。

61年もの間、被爆者は自らの悲惨な体験を語り伝えてきました。ケロイドが残る皮膚をあえて隠すことなく、思い出したくない悲惨な体験を語り続ける被爆者の姿は、平和を求める取り組みの原点です。その声は世界に広がり、長崎を最後の被爆地にしようとする活動は、人々の深い共感を呼んでいます。

本年10月、第3回「核兵器廃絶―地球市民集会ナガサキ」が開催されます。過去と未来をつなぐ平和の担い手として、世代と国境を超えて、共に語り合おうではありませんか。しっかりと手を結び、さらに力強い核兵器廃絶と平和のネットワークを、ここ長崎から世界に広げていきましょう。

被爆者の願いを受け継ぐ人々の共感と連帯が、より大きな力となり、必ずや核兵器のない平和な世界を実現させるものと確信しています。

最後に、無念の思いを抱いて亡くなられた方々の御霊《みたま》の平安を祈り、この2006年を再出発の年とすることを決意し、恒久平和の実現に力を尽くすことを宣言します。

＊

〈長崎新聞8月10日付朝刊一面の見出し〉 核廃絶 再出発の年に／保有、疑惑国 名指し批判／平和宣言「科学者は開発拒否を」／61回目 長崎原爆の日◇在外被爆者 手帳海外申請／首相、実現に否定的

平成17（２００５）年　通算57回目

今、被爆から60年を迎えた空に長崎の鐘の音が響きわたりました。

１９４５年８月９日午前11時２分、米軍機から投下された一発の原子爆弾は、この空で炸裂《さくれつ》し、一瞬にして長崎のまちを破壊しました。死者７万４千人。負傷者７万５千人。何も分からないまま死んでいった人々。水を求めながら息絶えた人々。黒焦げになり泣くこともできないで目を閉じた幼子たち。かろうじて死を免れた人々も、心と身体に癒すことのできない深い傷を負い、今なお原爆後障害に苦しみ、死の恐怖に怯《おび》えています。

核保有国の指導者の皆さん。いかなる理由があっても核兵器は使われてはなりません。そのことを私たちは身をもって知っています。60年間、私たちは、「ノーモア・ヒロシマ」「ノーモア・ナガサキ」を訴えてきました。国際社会も、核実験の禁止や非核兵器地帯の創設に努力し、２０００年には、核保有国も核兵器の廃絶を明確に約束したではありませんか。

それにもかかわらず、今年５月、国連本部で開かれた核不拡散条約再検討会議は、核兵器拡散の危機的状況にありながら、何の進展もなく閉幕しました。核保有国、中でもアメリカは、国際的な取り決めを無視し、核抑止力に固執する姿勢を変えようとはしませんでした。世界の人々の願いが踏みにじられたことに、私たちは強い憤りを覚えます。

アメリカ市民の皆さん。私たちはあなたがたが抱えている怒りと不安を知っています。9・11の同時多発テロによる恐怖の記憶を、今でも引きずっていることを。しかし、1万発もの核兵器を保有し、臨界前核実験を繰り返し、そのうえ新たな小型核兵器まで開発しようとする政府の政策が、ほんとうにあなたがたに平安をもたらすでしょうか。私たちは、あなたがたの大多数が、心の中では核兵器廃絶を願っていることを知っています。同じ願いを持つ世界の人々と手を携え、核兵器のない平和な世界を、ともに目指そうではありませんか。

日本政府に求めます。わが国は、先の戦争を深く反省し、政府の行為によって再び戦争の惨禍が起こらないようにすることを、決意したはずです。この憲法の平和理念を守り、被爆国として、核兵器を「持たない」「作らない」「持ち込ませない」とする非核三原則を、直ちに法制化するべきです。今、関係国が努力している朝鮮半島の非核化と、日本の非核三原則が結びつくことによって、北東アジアの非核兵器地帯化の道が開けます。「核の傘」に頼らない姿勢を示し、核兵器廃絶への指導的役割を果たしてください。

さらに日本政府に求めます。被爆者はすでに高齢に達しています。海外の被爆者にも十分な援護の手を差し伸べるとともに、被爆体験による心の傷がもとで苦しんでいる人たちの支援も充実してください。

長崎では、多くの若者が原爆や平和について学び、自ら活動に取り組んでいます。若い世代の皆さん。原子爆弾によって無念の死を遂げた人々に、深く思いを巡らせてください。一人ひとりが真摯《しんし》に過去の歴史に学び、平和の大切さや命の尊さについて考えてみてください。長崎市民は、皆さんの平和への取り組みを支援します。世界の市民やＮＧＯと手を結び、ともに平和の鐘を長崎の空から高らかに響かせようではありませんか。

被爆60周年を迎えた今、原子爆弾で亡くなられた方々の御霊《みたま》の平安を祈り、私たちは、広島とともに、核兵器廃絶と世界恒久平和に向けて、決してあきらめることなく努力することを宣言します。

＊

〈長崎新聞8月10日付朝刊一面の見出し〉 核廃絶あきらめず努力／60回目　長崎原爆の日／保有国の姿勢非難／平和宣言　米市民に連帯呼び掛け／憲法の平和理念堅持を◇「被爆者の言葉に感動」　小泉首相

平成16（2004）年　通算56回目

はたして世界のどれだけの人が記憶しているでしょうか。59年前の今日、8月9日、午前11時2分、米軍機から投下された一発の原子爆弾によって、まちは一瞬にして廃墟《はいきょ》と化しました。死者7万4千人、負傷者7万5千人。現在の長崎は、美しい街並みとなり、国内外から訪れる人で賑《にぎ》わい、人々は個性ある伝統と文化の中で暮らしています。しかし、このまちには、高齢に達した今もなお、原爆後障害や被爆体験のストレスによる健康障害に苦しみ続けている多くの人々がいるのです。そのような長崎市を代表する者として、すでに亡くなられた方々の苦しみをも深く思いつつ、世界に強く訴えます。

アメリカ市民の皆さん。59年間にわたって原爆がもたらし続けているこの悲惨な現実を直視してください。国際司法裁判所の勧告的意見は、核兵器による威嚇と使用が一般的に国際法に違反することを明言しています。しかし、アメリカ政府は、今なお約1万発の核兵器を保有し続け、臨界前核実験を繰り返しています。また、新たに開発しようとしている小型核兵器は、小型といっても凄《すさ》まじい威力を持つものです。放射線障害をもたらす点では、長崎に落とされた原爆と違いはありません。世界の超大国が、核兵器に依存する姿勢を変えない限り、他の国の核拡散を阻止できないことは明らかです。アメリカ市民の皆さん、私たち人類の生存のために残された道は、核兵器の廃絶しかないのです。今こそ、ともに手を携えてその道を歩みはじめようではありませんか。

世界の皆さん。今、世界では、イラク戦争やテロの頻発など、人間の生命を軽んじる行為が日常的に繰り返されています。私たちは、英知を集め、武力ではなく外交的努力によって国際紛争を解決するために、国連の機能を充実・強化すべきです。来年は被爆60周年を迎えます。国連で開催される核不拡散条約（ＮＰＴ）再検討会議へ向け、平和を願う一般市民やＮＧＯなど、地球市民による連帯の力を結集し、非人道兵器の象徴ともいえる核兵器の廃絶に道筋をつけさせようではありませんか。

日本政府に求めます。日本国憲法の平和理念を守り、唯一の被爆国として、非核三原則を法制化すべきです。この非核三原則と朝鮮半島の非核化を結びつけることによって、北東アジア非核兵器地帯を生み出す道が開けます。それは同時に、日朝平壌《ピョンヤン》宣言の具体化にも合致し、また、日本自らが核兵器に頼らない独自の安全保障のあり方を求めることにもつながるのです。

若い世代の皆さん。今、長崎市では、被爆の実相や命の尊さを学ぶことにより、多くの若者たちが平和について考え、自ら行動するようになりました。私たちは、混迷を深める世界情勢の中にあって、この若者たちの情熱に希望の光を見いだしています。一人ひとりが平和の問題に関心を持ち、身近なところから行動することが、核兵器の廃絶と世界平和の実現につながるのです。長崎市は、これからも被爆体験を継承し、平和学習の拠点都市として、平和の大切さを発信し続けます。そして、皆さんとの強い連帯が生まれることを願っています。

被爆59周年にあたり、原爆で亡くなられた方々の御霊《みたま》の平安を祈りつつ、長崎市民は、核兵器のない真の平和な世界を実現するために、たゆまず努力することを宣言します。

＊

〈長崎新聞8月10日付朝刊一面の見出し〉 米市民と手携え核廃絶／59回目 長崎原爆の日／平和への誓い 若い世代へ継承決意◇小型核、北朝鮮核開発／小泉首相「放棄へ一層努力」

平成15（2003）年　通算55回目

近代的な建物や家々が立ち並び、緑豊かな現在の長崎のまちからは、あの日の出来事は想像できません。第二次世界大戦の末期、58年前の8月9日、午前11時2分。米軍機が投下した一発の原子爆弾は、松山町の上空約500メートルで炸裂《さくれつ》しました。熱線と爆風、放射線が一瞬にして人とまちを襲い、長崎はこの世の地獄となりました。死者7万4千人、負傷者7万5千人。死を免れた人々の多くは、身体と心に癒すことのできない深い傷を負い、今なお原爆後障害や被爆体験のストレスによる健康障害に苦しみ続けています。私たちは、このような悲惨な体験を繰り返してはならないと、核兵器廃絶と世界平和を訴え続けてきました。

そのような中で、今年3月、米英両国は、イラクの大量破壊兵器保有を理由に、国連の決議を得ることなく、先制攻撃による戦争を強行し、兵士のほか、多数の民間人が犠牲となりました。国際協調による平和的解決を求める私たちの訴えや、世界的な反戦運動の高まりにもかかわらず、戦争を阻止できなかったことは、無念でなりません。

昨年1月、米国政府は、核兵器を巡る政策・戦略の見直しを行い、小型核兵器などの開発や核爆発実験の再開を示唆し、場合によっては核兵器の使用も辞さない姿勢をあらわにしています。一方、インド・パキスタンの核実験に続いて、朝鮮民主主義人民共和国の核兵器保有発言が、国際社会の緊張を高めています。核軍縮と核兵器拡散防止、あらゆる核実験禁止などの国際的取り決めは、今や崩壊の危機に瀕《ひん》しています。

かつて長崎を訪れたマザー・テレサは、原子爆弾によって黒焦げになった少年の写真を前に、「すべての核保有国の指導者は、ここに来てこの写真を見るべきです」と述べました。米国をはじめ核保有国の指導者は、今こそ原爆資料館に来て、核兵器がもたらす悲惨な結末を自分の目で見てください。

日本政府は、被爆国の政府として、核兵器廃絶へ向け先頭に立つべきです。日本の軍事大国化や核武装を懸念する内外の声に対して、専守防衛の理念を守り、非核三原則の法制化によって日本の真意を示してください。近隣諸国と協力して、朝鮮半島非核化共同宣言を現実のものとし、日朝平壌《ピョンヤン》宣言の精神に基づき、北東アジア非核兵器地帯の創設に着手すべきです。

若い世代の皆さん。人類は幸福を追求するために、科学・技術を発達させてきました。その使い方を誤ったとき、人類に何がもたらされたのか、長崎・広島で何があったのかを学んでください。今世界で起こっていることに目を向け、平和を実現するためにできることを考え、互いに手を取り合って行動しましょう。

長崎では、高齢に達した被爆者が、懸命に被爆体験を語り続けています。多くの若者が、積極的に平和のための活動やボランティアに取り組んでいます。長崎市は、これからも被爆体験を風化させることなく継承し、学び、考える機会を提供します。本年11月には、平和を願う世界の人々やNGOとともに、2回目の「核兵器廃絶―地球市民集会ナガサキ」を開催し、2005年に国連で開かれる核不拡散条約再検討会議に向けて、核兵器廃絶を求める各国市民の声を、長崎から発信します。

被爆58周年にあたり、原爆で亡くなられた方々の苦しみを深く思い、御霊《みたま》の安らかならんことを祈りつつ、長崎市民は、核兵器のない真の平和な世界を実現する決意を宣言します。

＊

〈長崎新聞８月10日付朝刊一面の見出し〉保有国首脳　惨状見よ／核軍縮　崩壊の危機／イラク戦争に無念表明／平和宣言◇58回目　長崎原爆の日／初のろうあ者　山崎さんが「誓い」

平成14（２００２）年　通算54回目

57年前の今日、８月９日、長崎のまちは一瞬にして廃虚と化しました。高度９，６００メートルから投下された一発の原子爆弾は、地上５００メートルの上空で炸裂《さくれつ》し、数千度の熱線と猛烈な爆風が、老人に、女性に、そして何の罪もない子どもたちにまでも襲いかかりました。死者７万４，０００人、負傷者は７万５，０００人に及びました。これまでに、多くの人々が恐るべき放射線によって白血病やがんに蝕《むしば》まれ亡くなりました。半世紀余りを経た今も、被爆者は健康に不安を抱え、死の恐怖におびえる日々を過ごしています。

大量無差別殺りく兵器である核兵器が再び使用されれば、地球環境の破壊はもとより、人類の生存さえ危ぶまれます。長崎市民は、自らの悲惨な被爆体験に基づき、世界に向けて核兵器廃絶を訴え続けてきました。しかしながら、今なお、長崎に落とされた原爆よりもはるかに強力な威力を持つ核弾頭が、3万発も存在し、その多くはいつでも発射できる状態にあります。

昨年9月11日、米国で同時多発テロが発生しました。私たちは、一般市民へのこのような無差別攻撃に強い怒りを覚えます。これを機に、アフガニスタンへの軍事攻撃や中東における紛争が激化しました。さらに、核兵器の使用さえ懸念されるインド・パキスタンの軍事衝突が起こるなど、国際的緊張も高まっています。

このような国際情勢の中で、米国政府は、テロ対策の名の下にロシアとの弾道弾迎撃ミサイル制限条約を一方的に破棄し、ミサイル防衛計画を進めています。さらに包括的核実験禁止条約の批准を拒否し、水爆の起爆装置の製造再開、新しい世代の小型核兵器の開発、核による先制攻撃などの可能性を表明しています。また、ロシアと締結した戦略攻撃兵器削減条約も、取り外す核弾頭の多くを再び配備できるようにするなど、国際社会の核兵器廃絶への努力に逆行しています。こうした一連の米国政府の独断的な行動を、私たちは断じて許すことはできません。世界の良識ある人々も強く批判しています。

本年5月の、日本政府首脳による非核三原則見直し発言は、被爆地長崎の心を踏みにじりました。我が国は、唯一の被爆国として核兵器廃絶の先頭に立つ責務があります。そのためにも、核兵器を「持たず、つくらず、持ち込ませず」とする非核三原則を直ちに法制化すべきです。長崎市議会も法制化を求める決議を採択しました。政府は、北東アジア非核兵器地帯の創設に着手し、「核の傘」に頼らない姿勢を国際社会に向かって明確に示すべきです。同時に、高齢化が進む国内外の被爆者に対する援護の充実に努めてください。

長崎においては、市民と行政が一体となって、２００３年11月の「第2回世界ＮＧＯ会議」の開催に向けて取り組みを進めています。今日、核兵器反対を宣言した自治体は、全国の8割にも達しています。私たちは、ＮＧＯ・自治体及び国連機関と連帯を図りながら、平和な社会を築くために努力する決意です。

被爆者は、「核兵器による犠牲は自分たちが最後でありたい」と願っています。若いみなさん、この被爆者の平和への思いを受け止め、自らが何をなすべきか考え、行動し、将来に語り継ごうではありませんか。今、長崎には、平和のためのボランティア活動に取り組む数多くの若者がいます。長崎市は、このような活動の輪が広がるように支援し、自主的に行動する若者を育成するための「ナガサキ平和学習プログラム」をさらに推進します。

相互理解と話し合いによって核兵器をなくすことが、平和な世界を実現するための絶対条件です。市民のみなさん、私たち一人ひとりが立ち上がり、日本を、世界を、平和へと導いていこうではありませんか。

核兵器による惨禍は長崎を最後にしなければなりません。被爆57周年にあたり、原爆で亡くなられた方々のごめい福をお祈りし、長崎市民の名において、核兵器がなくなるその日まで、たゆまず努力していくことをここに宣言します。

＊

〈長崎新聞8月10日付朝刊一面の見出し〉「米核政策は独断的」／57回目 長崎原爆の日／平和宣言で名指し批判／相互理解と対話へ決意◇「宣言は市長独自の考え」首相

平成13（2001）年　通算53回目

新しい世紀を迎えた今、原爆で亡くなられた方々と、国内外のすべての戦争犠牲者のごめい福を心からお祈りし、被爆地長崎から平和への願いを世界に訴えます。

私たち長崎市民は、被爆地の声として、21世紀を核兵器のない時代にしようと訴え続けてきました。しかし地球上には今なお３万発もの核弾頭が存在し、核兵器の脅威は宇宙にまで広がろうとしています。56年前の原爆でさえ、たった一発で、一瞬にして、この地を地獄に変えました。

20世紀は、人類にとって科学技術と人権思想の大いなる進歩の世紀でした。その一方で、核兵器という人類の絶滅兵器を生み出しました。核保有国は冷戦体制が終わったあとも核兵器を手放さず、しかも最近、超核大国のなかには、核軍縮の国際的約束ごとを一方的に破棄しようとする態度が見られます。これは核兵器をなくそうとする努力を無にしようとするものであり、私たちは強く反対します。

昨年５月、ＮＰＴ（核不拡散条約）再検討会議で合意された「核兵器廃絶に向けた核兵器国による明確な約束」は、単に言葉だけの約束であってはならないはずです。私たちは、その実現をせまるため、世界の人々と共に声をあげ続けます。

日本政府が被爆国として、核兵器禁止条約の締結に向けた国際会議の開催を提唱し、核兵器廃絶のため積極的役割を果たすことを求めます。そして、憲法の平和理念を守り、過去の侵略の歴史を直視することによって近隣諸国との信頼関係を築き、北東アジア非核兵器地帯の実現に努力して「核の傘」から脱却すべきです。そのためにも、「非核三原則」の法制化が必要です。

また、国内および海外の被爆者に対する援護のより一層の充実を強く求めます。56年が経過した今も、高齢化が進む被爆者の心とからだの不安や苦しみは、薄れるどころか、年を追うごとに増大しています。さらに、長崎市とその周辺の被爆未指定地域にも、同じように苦しんでいる人がいることを忘れないでください。

今、長崎では、若い人たちが平和を求めてみずから企画し、さまざまな活動に取り組み始めています。高校生の間では、核兵器廃絶を求める1万人署名の運動が繰り広げられています。このように主体的に考え、行動する若者が育っていることを私たちは誇りに思います。若い人たちが、原爆、平和、人権について世代をこえて話し合い、学ぶことができるよう、長崎市は、「ナガサキ平和学習プログラム」を創設し、平和のために積極的に行動する人材の育成につとめます。

昨年11月、日本で初めて自治体とNGOが連携して「核兵器廃絶―地球市民集会ナガサキ」が開かれました。その中で、地球市民の活動は世界を動かすことができると実感しました。私たちは、世界の草の根運動によって対人地雷全面禁止条約が結ばれたことを思い起こし、世界の都市やNGOとの連帯を強め、核兵器廃絶運動の先頭に立って進みます。

長崎は、最後の被爆地でなければなりません。ここに、私たち長崎市民は、21世紀を戦争や核兵器のない平和な世紀とするため、力の限り努力していくことを宣言します。

＊

〈長崎新聞８月10日付朝刊一面の見出し〉21世紀 核廃絶の先頭に／56回目 長崎原爆の日／米の姿勢「強く反対」／世界各都市 ＮＧＯとも連帯 平和宣言◇核兵器禁止条約の早期締結へ努力を／アピールを採択、閉幕 連帯市長会議

平成12（２０００）年　通算52回目

あの日から55年が経《た》ちました。原爆で亡くなられた方々のごめい福を心からお祈りいたします。

第二次世界大戦の末期、１９４５年８月９日、午前11時２分、一発のプルトニウム型原子爆弾が、米軍機によって長崎に投下されました。５００メートル上空で爆発した原子爆弾は、地上ではセ氏数千度の熱線となって、瞬時にして人々のからだを焼き、黒焦げにしました。強烈な爆風により、人々は吹き飛ばされ、押しつぶされ、家屋やコンクリートの建物も打ち砕かれました。目に見えない放射線は、人々の細胞を破壊し、短期間に死に至らしめました。そのほとんどは子供や女性、老人などの非戦闘員であり、中国人や朝鮮人、連合軍捕虜たちも数多く含まれていま

した。一命取り留めた人々も、原爆後障害による病気をかかえ、死の恐怖におびえ続けています。この惨状を知る私たち長崎市民は、核兵器廃絶と世界恒久平和を、世界に向けて訴え続けてきました。

長崎を最後に、戦場で核兵器が使われることはありませんでした。長崎、広島の被爆者の悲惨な体験と訴えが、何よりも核兵器使用を阻止する力となってきたのです。しかし、核被害者は決してそれにとどまりません。核実験や、核兵器・核物質製造の過程で起った事故のため、無数のヒバクシャが生み出されています。アメリカのネバダ、旧ソ連のセミパラチンスク、そして、南太平洋の島々などで、2，000回以上の核実験が行われ、そこに住む多くの人々の生命と健康を奪い、地球環境を汚染しました。

核兵器、それは人類の滅亡をもたらすものです。世界の皆さん、今なお世界には約3万発もの核兵器が残されています。私たちの力で、核時代を過去のものにしようではありませんか。国際司法裁判所は、1996年の勧告的意見の中で、核兵器の威嚇と使用は人道と国際法に反すると指摘しました。核兵器廃絶を求める世界の人々の声は、今年5月のNPT（核不拡散条約）再検討会議で、核保有国から「核兵器廃絶に向けた明確な約束」をひきだしました。核保有国は、この約束を実行するために、核兵器全面禁止条約の早期締結に向けた多国間交渉を直ちに始めるべきです。

わが国政府は、過去の戦争についての反省を明らかにし、被害を与えた国の人々との間に存在する未解決の問題に、誠実に対応することが必要です。その上で、世界最初の被爆国として、核兵器廃絶の先導的役割を果たすべきです。南北朝鮮の対話が始まった今こそ、非核三原則を法制化したうえで、北東アジア非核地帯を創設し、核の傘から脱却することを求めます。また、国内外の被爆者援護の一層の充実に努め、未《いま》だに被爆地域に指定されていない未指定地域の方々が、健康への不安に悩み苦しみ続けている事実にも目を向けてください。

核兵器、それは人類の滅亡をもたらすものです。戦争を知らない若い世代の皆さん、世代を越え、国境を越えて協力し、これまでの歴史から、戦争の愚かさ、核兵器の恐ろしさを正確に学び取って欲しいのです。来るべき21世紀を、戦争や核兵器のない「平和の世紀」にするために、共に手を取り合って行動しましょう。

長崎市は、被爆から55年にわたる平和への思いと、21世紀への希望をもって、新たな一歩を踏み出します。核兵器廃絶への道筋を作るため、今こそ国内外のＮＧＯの力を結集する時です。今年11月の「核兵器廃絶―地球市民集会ナガサキ」に多くの市民、ＮＧＯの参加を期待します。

ここに、私たち長崎市民は、長崎が核戦争最後の被爆地となることを願って、21世紀を核兵器のない時代とするため、力強く前進することを世界に向けて宣言します。

＊

〈長崎新聞8月10日付朝刊一面の見出し〉21世紀を「平和の世紀」に／55回目の「長崎原爆の日」／道筋づくりへ結集／伊藤市長 世界へ呼び掛け

平成11（1999）年　通算51回目

核兵器、それは人類の滅亡をもたらすものです。54年前のきょう、8月9日午前11時2分、私たちのまち長崎は、ただ一発のプルトニウム型原子爆弾によって一瞬のうちに廃虚と化しました。数千度の熱線、強烈な爆風、恐るべき放射線に襲われた無数の人々がもだえ死にし、かろうじて生き延びた人々は、半世紀たった今もなお、心と体の傷をかかえて、不安と孤独に苦しんでいます。

私たちは、この地獄のような体験から、核兵器は絶対に許せないと考え、それ以来、核兵器の廃絶を世界に向けて訴え続けてきました。

昨年5月のインドとパキスタンの地下核実験以降、核兵器をめぐる世界の情勢は緊張の度合いを高め、ユーゴスラビア空爆に際して、ＮＡＴＯ（北大西洋条約機構）側が核兵器使用を示唆したように、世界は危険な道をたどろうとしています。核保有国は、今なお時代錯誤の核抑止論に固執しています。

しかし、21世紀に向けた力強い動きも始まっています。「アボリション２０００」や「ハーグ世界市民平和会議」など、核兵器廃絶をめざすＮＧＯ（非政府組織）の積極的な活動と平和を願う国際世論の高まりがあります。これらの力の結集が各国政府を動かす時、核兵器の廃絶は必ず可能です。私たちは、20世紀を生きてきた人類の責任として、核兵器全面禁止条約の早期締結を訴え、世界の国々の指導者に対し、「核兵器廃絶宣言」を今世紀中に行うよう強く求めます。

今なお、地球上では戦争や地域紛争が後を絶ちません。これは、武力に訴えて自分たちの主張を通そうとする行いであり、最大の人権侵害、環境破壊です。私たちは、武力に頼らずに平和を築くこと、民族、宗教、文化の違いを互いに尊重し、認め合い、対話によって信頼を培うことの大切さを、世界に訴えます。

次に日本政府に求めます。昨年12月に国連総会で採択された、核兵器廃絶への具体的提案である「新アジェンダ決議」を受け入れ、被爆国として先導的役割を果たすべきです。条約締結が間近い中央アジア非核地帯に続き、北東アジア非核地帯の創設に努力し、核の傘を必要としない新たな安全保障の枠組みをつくってください。アジア・太平洋諸国に対する侵略と加害の歴史を反省し、日本国憲法の平和理念をまもることを誓い、真の相互理解に基づく信頼関係を築いてください。高齢化の進む国内外の被爆者のために、援護の充実に努めてください。

21世紀を切りひらく若い皆さん、あなた方が生きる新世紀が平和であるために、いま何をしたらよいのか、考えてください。飢えや貧困をなくし、環境を守り、人の命を大切にして、世界中の人々が協力しあえる社会をつくるために、いまできる身近なことから、行動を始めてください。

昨年11月、長崎で開かれた国連軍縮会議は、「長崎を核兵器の惨禍に苦しんだ世界最後の被爆地とする」ことを決議し、私たちに大きな希望を与えました。長崎には長い国際交流の歴史と悲惨な被爆体験があります。私たちは長崎を平和学習の拠点と位置付けます。被爆の実相と平和の願いを世界に発信し、世界の人々とともに平和の輪を広げます。

被爆54周年にあたり、原爆で亡くなられた方々のごめい福を心からお祈りいたします。

ここに、核兵器のない世界をめざし、さらに努力することを、長崎市民の名において国内外に宣言します。

＊

〈長崎新聞8月10日付朝刊一面の見出し〉ＮＧＯ結集で核廃絶を／長崎原爆の日／伊藤市長 世界に訴え／平和学習の拠点化誓う

平成10（１９９８）年　通算50回目

核兵器、それは人類の滅亡をもたらすものです。今から五十三年前、八月九日午前十一時二分、一発の原子爆弾が、ここ長崎市の上空五百メートルでさく裂しました。死者七万四千人、負傷者七万五千人。この世の地獄とも言うべき惨状でした。辛うじて生き延びた人々も、あの日の出来事が心の傷として残り、今なお原爆後障害に苦しみ、孤独と不安の日々を送っています。わたしたちは、あの八月九日を決して忘れません。

「ナガサキを最後の被爆地に」との願いは、多くの人々を動かし、核兵器廃絶の声を世界へ広げました。国際司法裁判所が、核兵器の威嚇と使用は実質的に国際法に違反するとの勧告的意見を示し、世界中に核軍縮への期待が高まり、核兵器廃絶の具体的提言が相次ぎました。ところがこの五月、インドとパキスタンが核実験を強行したのです。わたしたちの心はさらに傷つき、痛みました。そして、核軍縮の努力を怠り、核兵器独占体制を正当化し、核抑止政策を保持しようとする核保有五か国の姿勢にも、強い怒りを覚えずにはいられません。

核兵器拡散が現実のものとなり、世界はまたも核兵器開発競争の危険に直面しています。わたしたちは、今こそ核兵器全面禁止条約の早期締結を強く求めます。核保有国を含む世界の指導者は、核兵器の開発、実験、製造、配備、使用を禁止し、現在保有するすべての核兵器を解体し廃棄することを、直ちに宣言してください。そして、そのための条約締結の交渉を始めるべきです。二十一世紀を核兵器のない時代とするため、二十世紀中に核兵器廃絶への道筋をつけること、これが、わたしたちの願いです。

日本政府に求めます。非核三原則を法制化し、北東アジア地域の非核地帯化実現に努力して、「核の傘」に頼らない真の安全保障を追求してください。被爆国として被爆の実相と核兵器の脅威を世界に伝え、核兵器廃絶のために主導的な役割を果たしてください。年々高齢化する被爆者の援護の充実に努めてください。アジア・太平洋諸国への侵略と加害の歴史を直視し、その反省の上に立って、アジア諸国と歴史認識について率直に話し合い、信頼と相互理解に基づく新しい友好関係を一日も早く築いてください。

若い人たちに求めます。今年は世界人権宣言五十周年です。戦争の悲惨さと平和の大切さ、命の尊さを考え、学校や家庭で話し合ってください。飢餓、貧困、難民、人権抑圧、環境破壊など、平和を脅かす問題を、自分の問題としてとらえてください。その解決のために、異なる文化、異なる価値観、そして他の人との違いを認め合い、自分にできることから勇気をもって行動してください。

わたしたちは、本年十一月の国連軍縮長崎会議および来るべき第四回国連軍縮特別総会が核兵器廃絶への大きな一歩となるよう努力します。

被爆五十三周年にあたり、原爆でなくなられた方々のごめい福を心からお祈りいたしますとともに、ここに長崎市民の名において、核兵器廃絶と世界恒久平和の実現に向けてさらに努力することを、国の内外に宣言します。

＊

〈長崎新聞8月10日付朝刊一面の見出し〉　核兵器全面禁止条約を／「核の傘」脱却めざせ／長崎原爆の日／平和宣伝で訴え◇米依存の安保継続／非核三原則法制化は不要／小渕首相会見

平成９（１９９７）年　通算49回目

一発の原子爆弾はすさまじい熱線と爆風、そしておそるべき放射線を放ち、無差別に人々を殺傷し、一瞬にしてまちを破壊しました。死者七万四千人、負傷者七万五千人。長崎はまさに原爆地獄と化しました。被爆者は、今なお心の傷を引きずりながら、原爆後障害や病気への恐れと不安に苦しんでいます。私たちは八月九日を永遠に忘れません。

私たちは原爆の恐ろしさと戦争の悲惨さを忘れません。

被爆から五十二年。原爆投下を正当化しようとする考えがいまだに存在することは、長崎市民にとって許しがたいことです。私たちはこれからも、原爆の恐ろしさと非人道性を強く訴え、「ナガサキを最後の被爆地に」との願いを世界の人々に訴えていきます。

同時に私たちは、日本のアジア・太平洋諸国への侵略と加害の歴史を直視し、反省しなければなりません。今年は日本国憲法施行五十周年です。憲法の平和理念の上に立ち、戦争の防止と人類の平和のためさらに努力します。

私たちは臨界前核実験の中止と核兵器廃絶条約の締結を求めます。

昨年九月十日、国連総会において、包括的核実験禁止条約が圧倒的多数で採択されました。この条約により、すべての核爆発実験が禁止されることは、核軍縮への重要な一歩であります。

しかし、アメリカ政府は本年七月二日、かねて計画していた臨界前核実験を実施しました。この実験は、核爆発を伴わないものの、核兵器を保有し続けるための実験であり、「核抑止」政策に固執するものです。私たちは、世界の批判を無視して臨界前核実験を強行したことに強く抗議し、核兵器に関するあらゆる実験の中止を求めます。

昨年七月八日、国際司法裁判所は「核兵器の威嚇と使用は一般的に国際法に違反する」との勧告的意見を発表しました。その後、かつて核戦略にかかわった科学者や旧政府関係者、退役将軍らによる核廃絶に向けた提言が相次いで出されました。核兵器廃絶を求める国際世論は大きな盛り上がりを見せています。今こそ核保有国をはじめすべての国々は、世界の声に耳を傾け、直ちに核兵器廃絶条約の締結に向け行動を起こすよう強く要請します。

私たちは二十一世紀の平和の担い手たちに訴えます。

若い世代のみなさん、原爆の被害や戦争の悲惨さについて学び、平和の大切さと命の尊さについて考えてください。そして、学校や家庭で積極的に話し合ってください。また平和を妨げている飢餓、貧困、難民、人権抑圧、環境破壊などの問題に関心を持ち、二十一世紀を平和な時代にするため、ボランティア活動など自分ができることから行動に移そうではありませんか。

長崎市は、これからも原爆資料館と平和公園一帯を「ナガサキ平和学習」の場として活用し、被爆に関する証言、記録、映像など資料の収集・整備に努めます。また、国内外の青少年の平和交流と国際理解教育をさらに推進します。

私たちは「ナガサキの声」を世界に発信し、平和のネットワークを広げます。

長崎市民は、あの悲惨な被爆体験から、被爆の実相を「ナガサキの声」として世界に発信してきました。その間、世界では数多くの戦争や地域紛争が行われていますが、核兵器が使用されなかったことは、被爆地長崎をはじめ世界の人々の平和への願いの結集によるものと考えます。

日本政府は、被爆国として毅然《きぜん》たる姿勢で、臨界前核実験に反対してください。また、非核三原則を法制化し、北東アジアの非核地帯の創設に積極的役割を果たすことを求めます。そしてすべての被爆者に手厚い援護の手を差しのべ、核実験や原子力発電所事故などによる世界の各被害者の救済・支援にも努力してください。

国連には、二十一世紀の核兵器廃絶への道筋をつくるために、第四回国連軍縮特別総会を一九九九年に開催し、被爆都市の市長と被爆者代表に演説の機会を設けるよう要請します。

長崎市は、当地で開催中の第四回世界平和連帯都市市長会議の参加者を初め、平和を願う世界の都市や非政府組織（ＮＧＯ）と手を携え、反核・平和のネットワークを広げていきます。

被爆五十二周年にあたり、原爆で亡くなられた方々のごめい福を心からお祈りいたします。ここに、私は長崎市民の名において、核兵器廃絶と世界恒久平和の実現に向けて、新たな気持ちでまい進することを国の内外に宣言します。

＊

〈長崎新聞８月10日付朝刊一面の見出し〉臨界前核実験中止を／平和ネットワーク広げる／被爆52周年「平和宣言」／長崎市長、行動を訴え

平成８（１９９６）年　通算48回目

私たちは忘れません。あの日、この地を襲った原子爆弾は、すさまじい熱線と爆風、そしておそるべき放射線を放ち、人々は身を守るすべもなく傷つき、死に絶えていきました。まちは破壊され、焼き尽くされました。かろうじて死を免れた人々も、孤独と不安の中で人間らしく生きることさえできず、今なお放射能後障害と死の恐怖に脅《おび》える日々を過ごしています。あの惨禍から五十一年。歳月は流れても、あの日の長崎を、私たちは語り伝えなければなりません。

一、過去の歴史を反省し、長崎の願いを世界へ

人類の歴史をふり返ってみると、戦争は、幸福と平和を得る手段として何の解決にもなりませんでした。まして核兵器は、人類滅亡の危険をもたらす恐るべき兵器であります。そのことを世界中の人々に知ってほしいのです。

私たちは、過去の戦争におけるアジア太平洋諸国への侵略と加害の歴史を直視し、反省と謝罪の気持ちをもって、あらゆる人々と連帯し、新たな戦争犠牲者や核被害者が生み出されることのないよう努力しようではありませんか。

二、今こそ核実験の禁止から核兵器のない世界へ

ジュネーブ軍縮会議において進められてきた核実験全面禁止条約交渉が最終局面を迎えています。しかし、核爆発実験が禁止される一方で、コンピューターシミュレーションによる実験が除外されるなど、核兵器開発の余地が残される内容となっています。私たちは、核兵器開発につながるあらゆる実験の禁止を求め、さらに訴え続けなければなりません。

国連は、一九四六年、最初の決議として「原子兵器廃絶決議」を採択し、一九六一年には「核兵器の使用は人類と文明に対する犯罪である」と指摘しました。この歴史的原点に立ち返り、今こそ国際社会に対する指導制を発揮するよう求めます。

昨年十一月、私は国際司法裁判所において、核兵器の使用は国際法に違反すると訴えました。本年七月八日、同裁判所は自衛目的についての判断はしませんでしたが、核兵器の使用と威嚇は実質的に「国際法に違反する」との勧告的意見を出しました。そして、国際社会に向けて「核軍縮につながる交渉を誠実に行い、完了させる義務が存在する」と明言しています。私たちはこの

勧告的意見を積極的に受け止め、核兵器廃絶条約の実現を目指して前進しなければなりません。

本年四月、中南米、南太平洋、東南アジアに続き、アフリカでも非核地帯条約が結ばれました。国際社会が手を結ぶことにより、核兵器を排除する平和的手法に学び、北東アジア非核地帯の創設を急がねばなりません。日本政府は、兵器用核物質の生産禁止と核兵器解体に伴う核物質の国際管理体制の確立など、非核保有国による反核包囲網づくりに向け、先導的役割を果たしてください。
三、二十一世紀の平和の担い手たちへ
若い世代の皆さん、今日の平和で豊かな私たちの生活は、多くの人々の努力と犠牲の上に成り立っているということを知ってください。世界には飢餓、貧困、難民、人権抑圧、地球規模の環境破壊など、平和を妨げる様々な問題があることを学び、平和を築くために自分に何ができるかを考え、進んで行動してください。

長崎市は、被爆五十周年を機に、本年四月新しい原爆資料館を開館しました。さらに、平和公園一帯が「ナガサキ平和学習」の場となるよう整備を進め、二十一世紀の平和の担い手が育つよう人材の育成に努めます。

市民の皆さん、原爆の恐ろしさ、戦争の悲惨さ、平和の大切さ、そして生命の尊さを若い世代に語り伝えようではありませんか。

四、核抑止に立ち向かい平和の輪を広げよう

核兵器を持つことによって他国を威嚇し、自国のみの安全を守ろうとする「核抑止」の考え方が私たちの前に立ちふさがっています。しかし、半世紀にわたり核兵器のない世界を訴え続けてきた長崎の声は、今、確かな足どりで広がりつつあります。

長崎市は、これからもあらゆる手段を通じて平和の願いを発信し続けます。今こそ私たち市民は手を携え、被爆地長崎から世界中に平和の輪を広げようではありませんか。

日本政府は、人類最初の被爆国として世界平和構築に努力する責務があります。核兵器は人類と相いれない存在であることを伝えるため、独自の原爆展を開催してください。高齢化していく被爆者に対し援護の一層の充実を図り、外国人被爆者にも同様の責任を果たさなければなりません。

五十一回目の原爆の日にあたり、原爆でなくなられた方々の無念の思いを胸に、犠牲者のご冥福をお祈りするとともに、被爆都市長崎市民の名において、核兵器廃絶と世界恒久平和の実現に向けてまい進することを国の内外に宣言します。

＊

〈長崎新聞８月10日付朝刊一面の見出し〉　核兵器廃絶条約の実現を／長崎原爆忌／若い世代に行動呼び掛け／平和宣言　51年目　新たな誓い◇政府主催の海外原爆展／首相、開催に積極的

平成７（１９９５）年　通算47回目

一九四五年八月九日午前十一時二分、この地の上空でさく裂した一発の原子爆弾は、猛烈な熱線と爆風と恐るべき放射線を放ち、まちは一瞬のうちに廃墟《はいきょ》と化しました。

るいるいと横たわる黒こげの死体。水を求め、家族を探し、さまよい歩く人々。辛うじて命をとどめた人々も、心と身体に生涯消えることのない深い傷を負いました。死者七万四千人、負傷者七万五千人。この世の終わりを思わせる惨状がそこにありました。

一、被爆五十周年を核兵器廃絶元年に

あの日から五十年。被爆者は年老い、被爆体験の風化が急速に進みつつあります。戦後生まれの世代が市民の七割にも及ぶ今日、戦争の悲惨さ、原爆の恐ろしさ、そして平和の大切さを、若い世代にいかに継承していくかが、問われています。

本年一月、スミソニアン原爆展が中止となり、原爆投下に対する日米の認識の違いが浮き彫り

になりました。私たちの声は、果たして世界の人々に届いていたのでしょうか。

長崎市で六月に開かれた国連軍縮会議において、核兵器廃絶が議題に取り上げられました。しかし、市民の願いとの間には、大きな壁がありました。

長崎の声を世界に届け、この壁を突き破るため、被爆五十周年を「核兵器廃絶元年」として新たな出発をしようではありませんか。

二、直ちに核実験を中止し、人類生存の道しるべを

本年五月、核不拡散条約再検討・延長会議において、同条約の無期限延長が決定されました。この決定は、五か国による核兵器保有を永久化するものであり、私たちは決して容認できません。また、来年までに核実験全面禁止条約交渉を終え、条約発効まで実験を自制することが合意されたにもかかわらず、その直後、中国が核実験を強行し、フランスが実験再開を決定、アメリカでの同様な動きも明らかとなりました。核保有国はシミュレーションによる核実験技術の完成を急いでおり、核兵器開発への執着はいささかも衰えていません。

私たちは、核保有国が直ちに核実験全面禁止条約を締結し、核兵器廃絶に向けタイムスケジュールを設定し、具体的交渉をはじめるよう求めます。

また、地球環境を守り人類生存の道を残すため、国連は、兵器用核物質の生産禁止、生物・化

学兵器の廃絶、そして通常兵器の軍縮に取り組むべきであり、我が国も国連の場で主動的役割を果たすべきであります。

三、過去の歴史を教訓としてアジアとの共生を

今年は第二次世界大戦終結五十周年でもあります。私たちは、アジア太平洋諸国への侵略と加害の歴史を直視し、厳しい反省をしなければなりません。私たちの反省と謝罪がなければ、核兵器廃絶の訴えも世界の人々の心に届かないでしょう。

日本政府は、過去の歴史を教訓とし、アジア諸国の人々と共有できる歴史観をもって、世界平和の構築に努力してください。

世界で最初の被爆国として、我が国は、核兵器使用が国際法違反であることを国際司法裁判所で明確に主張するとともに、非核三原則を法制化し、アジア太平洋非核地帯の創設に努めるべきであります。また、被爆者の実情に目を向け、被爆者援護の更なる充実を図るとともに、外国人被爆者にも援助の手を差し伸べることを日本政府に求めます。

四、被爆の実相を学び平和な未来を

戦後、日本では戦争のない平穏な時代が続き、国民のたゆまぬ努力により経済的に大きな発展を遂げました。しかし、世界には、戦争や紛争のために、教育を受けることも日々の糧を得るこ

とも困難で、また明日の生命さえも不確かな、平和とは程遠い生活を送っている子供がたくさんいます。

私は戦後生まれの世代です。私たち戦争や原爆を知らない世代は、体験された方々の声に耳を傾け、戦争に至った歴史、戦争の悲惨さ、被爆の実相を学び、人類と核兵器は共存できないことをしらなければなりません。皆さん、平和な未来をつくるため、世代や国を超えてともに努力しましょう。

五、新たなたびだちへの第一歩を踏み出そう

被爆者は、家族・友人を失った悲しみを乗り越え、自ら後遺症の苦しみと闘いながら今日を迎えました。被爆者にとって次の五十年はありません。被爆者は、「私たちの生きているうちに核兵器の廃絶を」と願っています。道は険しくてもあきらめてはなりません。

長崎市は、写真・映像・通信ネットワークを通じて、被爆の実相と平和の願いを世界に発信するとともに、このたび日本政府が提唱した「核軍縮セミナー」の誘致と「国連軍縮会議」の再誘致に向けて努力します。

ここに、原爆で亡くなられた方々と全ての戦争犠牲者のご冥福をお祈りするとともに、核兵器廃絶と世界恒久平和実現のため、新たな一歩を力強く踏み出すことを国の内外に宣言します。

＊

〈長崎新聞8月10日付朝刊一面の見出し〉「核兵器廃絶　元年に」／被爆50周年／長崎の祈り世界へ／平和宣言「若い世代に体験継承」

第3章
平和宣言

本島等市長
（1994～1979年）

平和宣言を読む本島氏（1985年８月９日＝長崎市提供）

平成6（1994）年　通算46回目

日本のみなさん、世界のみなさん、長崎の声を聞いてください。

あの日、この浦上の地に原爆が襲いかかりました。直下にあった城山国民学校と山里国民学校の鉄筋校舎は無残に破壊されました。城山では、学校にいた先生と動員学徒など百五十二人のうち百三十三人が、山里では先生三十二人のうち二十八人が死亡。両校合わせて三千百人いた児童のうち二千七百人余りが自宅で死亡。三か月後、授業が始まって集まった子どもたちはわずかで、死をまぬがれたとはいえ、原爆症におののく日々が始まっていました。今日は悲しい原爆の日。私たちは、犠牲となった人々の叫びと平和への願いを伝えるため爆心の地に集まりました。

一、あの戦争と原爆を思いおこし、声高く語り継ごう

日本人は、アジアに対する侵略と加害の歴史をふり返り、厳しい反省の上に立ってその償いを考えなければなりません。私たちの反省がなければ、日本が世界の国々の信頼を得ることはできません。

あの戦争が終わってから半世紀がたち、戦争体験、被爆体験が風化しようとしています。私たちは、戦争の悲惨さと原爆の恐ろしさを若い世代に語りつぎ、平和の大切さを伝えなければなり

ません。

青少年のみなさん、戦争への道をたどった日本の歴史や、今日の国際情勢を学び、世界の平和のために何ができるかを考えてください。世界の恵まれない子どもたちを助け、飢餓、貧困に苦しむ人々のため勇気をもって行動してください。

二、核兵器全面禁止条約の締結こそ被爆都市ナガサキの願い

昨年、アメリカとロシアは戦略核兵器の大幅削減に合意しましたが、二〇〇三年になってもそれぞれが三千ないし三千五百という、全人類を抹殺しても余りある量の核兵器を持ち続けます。また、今年一月、核実験全面禁止条約交渉が始まりましたが、一方では中国の核実験やアジア・中東における核兵器開発疑惑など、核兵器の脅威は依然として続いています。

来年四月、核不拡散条約の再検討が開かれています。この条約は、新たな核兵器保有国の出現を防ぐ一方、核保有国が核兵器を持ち続けることによって核戦争を未然に防ぐという、核抑止の考え方に立った条約であります。私たちは、核保有国が核廃絶の意志を示さないまま、核不拡散条約を無条件・無期限に延長することに反対します。核保有国は核抑止の考えを捨て「核実験全面禁止条約」を経て、核兵器廃絶を実現するための「核兵器全面禁止条約」の締結に向け、一日も早く行動を起こすべきであると訴えます。

三、核兵器使用は国際法違反であることをはっきりと言おう

私たちは、人類史上初めて原爆を経験しました。核兵器は全人類を滅ぼす力を持っている絶対悪であります。このような非人道的、無差別大量殺りく兵器の使用が国際法に違反していることは言うまでもありません。日本政府は、私たち国民の視点に立って、核兵器の使用は国際法に違反しているとはっきりと言うべきであります。

我が国がプルトニウムを大量に蓄積していることによって、日本は核兵器を開発するのではないかとの疑惑を招いています。私たちは、再三にわたり非核三原則の立法化を求めてきました。日本政府は今こそこれを立法化し、日本は核兵器を保有する意志のないことを世界に示すとともに、核兵器は絶対悪であることを率先して世界に訴えるべきであります。

四、直ちに被爆者援護法の制定を、外国人被爆者にも同等に

被爆者援護法は参議院において二度可決され、全国地方議会の七割が制定促進の意志を明らかにしているにもかかわらず、まだ制定されていません。被爆者は戦後十年間、最も治療と救済を必要としていた時に何の援護措置もありませんでした。

今、援護法制定が遅れるたびに、多くの被爆者が失意のうちに世を去っています。被爆者は、もう待てません。日本政府は、核兵器を使わせず、戦争を決して起こさない決意の証《あかし》として、戦

後の区切りである被爆五十周年までに、国家補償の精神にもとづく被爆者援護法を制定してください。

さらに、朝鮮半島や中国等から強制連行され、長崎・広島で被爆して帰国した人々にも、日本人被爆者と同等の援護をすべきであります。

五、今、世界平和のために私たちがなすべきこと

みなさん、今、世界に目を向けてください。

民族・宗教の対立による地域紛争の多発や地球規模での環境破壊、飢餓、難民など世界には解決を迫られている問題がたくさんあります。

日本政府は、これらに対処するため、現在の政府開発援助を見直し、発展途上国の人々の生活向上に積極的な貢献をすべきであります。私たち一人ひとりも、日々の生活の中で、地球環境を守り、世界の貧しい人々の救済と人権擁護に関心を持ち、援助の手を差しのべなければなりません。戦争の悲惨さを身を持って体験した私たちは、日本国憲法の平和理念にもとづき、紛争解決に武力を使うことは誤りであると強く訴えます。

六、被爆五十周年に向けて長崎は決意します

来年の被爆五十周年に向けて、私たち長崎市民は、長崎から平和の願いを国の内外に発信する

ため、一丸となって努力しようではありませんか。

長崎市は県とともに国連軍縮長崎会議の開催に努力し、私たちの悲願である核兵器廃絶実現に向けて大きな一歩を踏み出します。また、アジア・太平洋青少年平和会議を開き、若者の連帯と交流を深めます。

来年、創設五十周年を迎える国連が、大国中心主義でなく、真に世界の平和と地域の安定のために主導的な役割を果たすことを期待し、長崎市も世界平和連帯都市市長会議等を通じて国連の活動を支援します。

原爆被爆四十九周年に当たり、犠牲者のご冥福と、ご遺族、被爆者のご健康をお祈りし、全市民が手を携え、核兵器廃絶と世界平和実現のため、努力することをここに宣言します。

＊

〈長崎新聞8月10日付朝刊一面の見出し〉「援護法」一刻も早く／長崎原爆の日で訴え／49周年式典 首相は制定ふれず

平成5（1993）年　通算45回目

日本のみなさん、世界のみなさん、長崎の声を聞いてください。

この地で、四十八年前原子爆弾で亡くなった幾万人の叫びを、今、聞いてください。

この長崎の地に投下された一発の原爆は、爆発の瞬間、大火球となり、セ氏数百万度にも達し、すさまじい熱線、爆風、放射線が大地に襲いかかりました。

人々は一瞬のうちに黒焦げの死体となり地にころがり、水を求めて命尽き、髪は焼け、血を吐きながら次々に死んでいきました。草木は燃え、家は倒れ、この浦上の地から紅蓮《ぐれん》の炎が広がりました。

きょうは悲しい原爆の日。私たちは、原爆で亡くなられた方々への思いと平和の願いを胸に、ここ爆心の地に集まりました。
一、今、過去を振り返り、現在を見つめ、未来に決意しよう
日本はアジアへの侵略を反省し、戦争責任を明確にし、戦後処理を誠実に行わなければなりません。

私たち日本人は、過去の反省の上に立ち、日本国憲法の平和希求・戦争放棄の精神の世界化を

めざして、恒久平和の構築をねばり強く国際世論に訴えていかなければなりません。
長崎市民は、被爆都市の使命として、人類滅亡をもたらす核兵器の廃絶に向けて最大の努力をします。

二、核兵器の脅威は現在も続いている

核兵器保有国も、核兵器を保有しようとしている国も、これらの国々の指導者たちは、核兵器を持つことによって、自国の安全が保たれるという核抑止の考えを持ち続けています。核抑止の考えを持つ限り核兵器の廃絶は望めません。

今年七月先進国首脳会議は、核不拡散条約へ世界のすべての国の参加と二年後に無期限延長を求める政治宣言を採択しました。しかし、この条約は核兵器廃絶をめざした条約ではありません。速やかに、核実験の全面禁止と、多国間交渉により、核兵器全面禁止国際協定を締結すべきであります。

また、ロシアでは核兵器の解体、処理が進まず、そのうえ放射性廃棄物が日本海などに捨てられていることが明らかになりました。今こそ地球的規模の核汚染を防ぐため国際的な協力体制が必要であります。

三、原爆被爆者援護法の制定を――非人道的な核兵器を許さない証しとして原爆による大量虐殺は、人道上、国際法上許されないことであります。しかも、被爆直後の十年間は被爆者に対して何の救済もありませんでした。今日、老齢、病弱の中で、死の恐怖におののいている被爆者の心を考えてください。サンフランシスコ平和条約で対米賠償請求権を放棄した日本政府は、被爆者を援護する義務があると思います。

全国地方議会の約七割が援護法制定促進を求めています。援護法制定に賛成の国会議員の三分の二を超えました。国民的合意は成立したものと思います。非人道的な絶対悪の核兵器の使用を決して許さない証しとして、国家補償の精神に基づき援護法制定を急いでください。

四、広島・長崎の外国人被爆者に援護を。核実験や原子力発電所の事故の被害者に救援を

朝鮮半島や中国等の被爆者は、強制的に連れてこられ、非人道的扱いを受け、被爆してこの世を去り、あるいは帰国して原爆症、老齢、孤独に苦しんでいます。また、核実験や原子力発電所の事故による放射線被害者も苦しみ続けています。私たちはこれらの方々へも救済の手を差し伸べるべきであると考えます。

長崎市は、長崎県、長崎大学などとともに「長崎・ヒバクシャ医療国際協力会」をつくり、外国人医師の研修受け入れ、外国への医師の派遣、外国人ヒバクシャの受け入れ治療などを行うことにしました。今後、この協力会の発展に努めます。

五、今、我々日本人が国際社会の一員として、国の内外においてなすべきこと

日本はプルトニウムを大量に蓄積することによって、核兵器を作るのではないかという懸念が、アジア・太平洋の国々に広まっています。日本政府は、非核三原則を立法化し、核兵器製造は決して考えていないことを表明し、核兵器廃絶運動の先頭に立つべきであります。

今、地球は病んでいます。飢餓、難民、民族・宗教対立による紛争、環境破壊等切迫した課題に直面しています。私たち日本人は、生活を小さくすることによって、地球環境の保全と飢餓、難民の救済に寄与すべきです。そして、紛争の解決に武力を行使することは誤りであります。

世界の主要な武器輸出は国連の安全保障理事会常任理事国であります。これらの国に軍縮の推進と、武器輸出禁止を求めましょう。

六、明日をつくる青少年へ――二十一世紀を平和の世紀にするために

四十八年前、みなさんと同じように未来に大きな夢と希望を持っていた人達が、学校で家庭で、そして工場で一発の原爆によって全てを失いました。人が人の命を奪い、他の国の安全を脅かすことは決して許されません。

みなさんは、被爆体験や戦争の歴史をよく学び、戦争の恐ろしさを心に刻んで、決して戦争を起こさないよう一人でも多くの人に語り伝えてください。そして進んで平和のために働き、夢や

理想を実現してください。

七、長崎は世界に向かって平和の尊さを叫び続けます

あの原爆による残酷な死と破壊がありました。そして戦争は終わりました。長崎では、原爆の瞬間から四か月の間に七万数千の人が亡くなり、今日もなお六万四千人の被爆者が老いと病弱のうちに、ひっそりと暮らしています。私たちは、この痛ましい犠牲をかた時も忘れてはなりません。原爆の悲惨さと平和の尊さを世界に向かって叫び続けることは長崎市民の責務であります。

長崎市は、来る被爆五十周年に、この長崎の地で、国連軍縮会議が開かれるよう努力いたします。

本日、世界平和連帯都市市長会議にご出席のみなさん、世界の都市が連帯し、世界平和のために、具体的な行動をとりましょう。最後に、原爆犠牲者のご冥福と、ご遺族、被爆者のご健康をお祈りし、全市民が一体となり、核兵器廃絶と世界平和実現のため、努力することを宣言します。

＊

〈長崎新聞8月10日付朝刊一面の見出し〉〝核なき世界へ〟誓い新た／48回目の「長崎原爆の日」

平成4（1992）年　通算44回目

日本のみなさん、世界のみなさん、長崎の声を聞いてください。

今、この地に立てば、四十七年前の悲惨な光景が見えてきます。燃ゆる大地、数千度の熱線、黒こげの死体、水辺で息絶える裸の人間、焼けただれた皮膚の少年、家も学校も工場も一瞬のうちに燃え尽き、倒れ、廃墟《はいきょ》となりました。

今日、原爆の日。亡くなられた被爆者のご冥福をお祈りし、平和の誓いを新たにするために私たちはここ爆心の地に集まりました。

一、日中戦争、太平洋戦争から長崎原爆までを考えよう

我が国は韓国併合の後、日中戦争、太平洋戦争へ突入し、広島・長崎の原爆で敗戦となりました。

私たちは、日本のアジア・太平洋への侵略・加害の歴史を振り返り、犠牲となった内外二千数百万人のご冥福をお祈りし、心からの反省とその償いを果たさなければなりません。また、原爆によって膨大な数の方が亡くなり、今なお多数の被爆者が孤独、老齢、病弱、差別などで苦しみ続けております。

私たちは今、過去をしっかりと見つめ、正義と人間愛が日本にも存在することを世界に示すべきであります。

二、二十世紀中に地球上から核兵器をなくそう

長崎と広島の市民は、原爆投下のとき、これこそ人類を滅亡させる究極兵器であることをみました。それ以来、両市民は核兵器廃絶を世界に訴え続けてきました。

今年六月、アメリカとロシアは大幅な核軍縮を目指すことで一致しました。ロシアとフランスは核実験の一時停止を表明しました。核軍縮の流れは大きくなりました。しかし、核実験は続けられ、核抑止力に頼る考え方は変わりません。また核拡散、核兵器解体による膨大な核物質の危険は去りません。

私たちは、核保有国が核兵器廃絶の第一歩として直ちに核実験の全面禁止を行うよう、また、新たに核兵器を持とうとする国が核超大国の過ちを繰り返さないよう訴えます。私たちは核兵器が二十一世紀に持ちこされることを決して許してはなりません。

三、原爆被爆者援護法の即時制定と外国人被爆者の援護措置を

原爆による凶悪な大量虐殺は、人道上、国際法上許されない行為であります。日本政府は、サンフランシスコ平和条約によって対米賠償請求権を放棄しました。日本政府は、原爆被爆者に保

証する義務があります。

被爆者は被爆直後十年余、治療と救済を最も必要とするとき放置されました。再び戦争を起こさない決意の証しとして、国家補償の精神に基づき原爆被爆者援護法を即時制定しなければなりません。

また、当時の朝鮮、中国の人たちや連合国の捕虜は強制連行され、非人道的扱いを受け、被爆して世を去り、あるいは帰国後原爆症や差別に苦しんでいます。私たちは、速やかに実態を調査し、謝罪し、援護をしなければなりません。
四、今、日本人と日本政府がなすべきこと
私たちは、日本国憲法の平和原則を守り、戦争放棄、平和希求の精神を世界に示し、日本独自の国際貢献を考えなければなりません。

日本政府は、アジア太平洋地域の信頼醸成と、この地域の非核化に真剣に取り組み、日本の国是である非核三原則の立法化を図らなければなりません。また、世界の核実験や原子力発電所の事故による放射線被害者の救済のために、日本に国際医療機関を設立してください。

今日、大量殺りく兵器のために莫大《ばくだい》な資金が使われている一方で毎年千四百万人の子供たちが栄養不良と病気で亡くなり、約十億の人々が飢餓に直面しています。日本政府は、率先して世界に軍縮を訴え、軍事費削減によって生じる余裕を「平和の配当」として飢餓、貧困、難民、人権抑圧、環境破壊など人類が直面する問題の解決に使うよう呼びかけてください。

五、未来を担う青少年のために

教育に携わる皆さん。平和は私たちが子孫に残す唯一の遺産であり、核兵器廃絶こそ世界平和の第一歩であることを青少年に教えてください。青少年が現実の世界を知るために、日本のアジア諸国に対する侵略・加害の歴史や世界の核兵器をはじめとする大量破壊兵器や武器の輸出入など、現代社会の情勢をよく教えるよう努力してください。

青少年の皆さん。現在の日本や世界の情勢をよく学び、世界の人々との理解と交流を深め、恵まれない人々に目を向け、人権を守り差別をなくすため、思いやりと勇気をもって行動してください。

長崎市は、青少年のために広く平和について学ぶ機会を提供するとともに、青少年平和会議を開催するなど国内外の青少年の交流・学習を推進する平和希求プログラムを創設します。

原爆被爆四十七周年にあたり、原爆犠牲者のご冥福と、ご遺族、被爆者のご健康をお祈りし、長崎市民が一体となり、平和な二十一世紀に向けて、核兵器廃絶と世界平和実現のため努力することをここに宣言します。

＊

〈長崎新聞8月10日付朝刊一面の見出し〉「21世紀へ核持ち越さず」／歴史的転換期に決意／長崎 47回目の「原爆の日」◇援護法には否定的／北朝鮮、中国人被爆者対策 補償の考えなし／首相会見

平成3（1991）年 通算43回目

日本のみなさん、世界のみなさん、ナガサキの声を聞いてください。

今日は悲しい長崎原爆の日。四十六年前、原爆であっという間に死んでいった幾万の人々の叫びが聞こえますか。その後、苦しみもだえながらこの世を去っていった多くの人々の悲しみの声が聞こえますか。

一、日中十五年戦争開始から六十年、真珠湾攻撃から五十年―あの戦争に心から反省を

わが国は日韓併合の後、日中戦争、真珠湾攻撃から太平洋戦争へと突入し、長崎原爆で敗戦となりました。

私たちはあの戦争を心から深く反省し、犠牲となった内外二千数百万人のごめい福をお祈りし、その償いを考えなければなりません。

二、湾岸戦争の教訓を学ぼう

冷戦が終わり平和の気運が高まったとき、湾岸戦争が起りました。近代兵器による圧倒的な力の勝利。しかし、民族・宗教の対立、人権抑圧、経済不安は依然として残り、新たな難民、地球規模の環境汚染が生じました。あの湾岸戦争ではどれほど多くの人々が死んだのでしょうか。

中東地域に大量の武器輸出を続けてきた国連安全保障理事会常任理事国の責任は重大と言わざるをえません。

湾岸戦争では、日本の国際的責任が改めて問われました。今こそ、戦争放棄を誓った日本国憲法の理念に他って、国際社会に果たす独自の役割を考えなければなりません。

また、国連の戦争防止機能を強化し、国連主導による武器移転禁止と軍縮をはかる必要があります。

三、核兵器廃絶と非核三原則の立法化を

湾岸戦争は、核兵器、生物・化学兵器が使用される危険性を現実に示しました。米国の多くの人が「米兵の死傷者が急増し、化学兵器で攻撃されれば、核兵器を使ってもよい」と考え、ある高官は「広島への原爆投下は正しかった」と発言しました。

長崎市民は怒りをもって訴えます。原爆は人類滅亡をもたらす悪魔の兵器であることを。原爆投下はジェノサイド（集団まっ殺）であり、国際法違反行為であることを。私たちは、核兵器をこの地球上から廃絶しなければなりません。

人類最初の被爆国である日本の政府は、非核三原則の立法化を実現させるとともに、まず世界の核保有国に核実験の全面禁止を働きかけ、また、アジア・太平洋地域の非核ネットワークづくりに真剣に取り組むべきであります。

四、原爆被爆者援護法の制定を

あれから四十六年、被爆者は老齢と孤独の中で、常に死の恐怖におののいています。生きている限り続く残酷な苦しみを被爆者だけに背負わせてよいものでしょうか。被爆者は、被爆直後の十年余、治療と救済を最も必要とするときに、放置され、うち捨てられていました。人権侵害の極限です。サンフランシスコ平和条約によって対米賠償請求権を放棄した日本政府は、被爆者に対して補償する義務があります。

しかし、援護法の制定を願う被爆者の悲痛な叫び声は、押しつぶされ、いまだ実現されていません。

今をおいて被爆者を救援する時期はありません。原爆被爆者への国家補償は、核戦争を起こさず、再び被爆者をつくらないと国が誓うことであります。

五、外国人被爆者と核被害者に援護を

外国人被爆者にも国内の被爆者と同等の援護措置をとるよう訴えます。

特に当時の朝鮮半島や中国の人たち及び連合軍の捕虜は、強制的に連行され、非人道的扱いを受け、被爆して世を去り、あるいは帰国したあとも原爆症、孤独、老齢、差別に心も体もむしばまれています。

私たちはこれらの方々へ謝罪と償いをしないで国際的責任を果たしたと言えるでしょうか。

また、日本政府は国際機関と協力して、原爆被爆者と、チェルノブイリ原子力発電所等の事故による被ばく者や、南太平洋等の核実験の被害者のための国際医療センターを設置してください。

六、未来を担う子供たちへ

みなさんは知っていますか。核兵器は、私たちが何世紀にもわたって築き上げてきた文化、財産、そして尊い人命を一瞬にして奪う恐ろしい兵器であることを。現在、地球上には五万発を超える核兵器があります。これは世界中のひとりひとりが三トンの火薬を背負っていることになると言われています。

子供のみなさん。本を読み、話を聞き、原爆資料館を見てください。核兵器の恐ろしさ、戦争の悲惨さを心に刻んで、平和を求め続けてください。

最後に、世界の飢餓、難民、環境破壊に関心を持たず、また救済の努力もしないで世界の平和を語ることはできません。今こそ私たちは、「世界は一つ」との考えに立ち、人類の未来のために立ち上がらなければなりません。長崎は世界最後の被爆地でなければなりません。

ここに、原爆犠牲者のごめい福と、ご遺族、被爆者のご健康をお祈りし、長崎の全市民が心を一つにして、核兵器廃絶と世界平和実現に向かってまい進することを宣言します。

＊

〈長崎新聞8月9日付夕刊一面の見出し〉憲法の理念で国際貢献を／46回目の長崎原爆の日／「反戦」「反核」強く訴え／いまなお核の危機／本島市長 平和宣言 〝湾岸〟の教訓生かせ

平成2(1990)年　通算42回目

日本のみなさん、世界のみなさん、ナガサキの声を聞いて下さい。

きょうは悲しい長崎原爆の日。

一、原爆を忘れるな、戦争を忘れるな。

我が国はかつて日韓併合の後、日中十五年戦争、太平洋戦争を戦い、長崎原爆を最後に敗戦となりました。内外二千数百万人の尊い生命を奪いました。私たちは戦争を心から反省し、犠牲となった多くの日本人と外国人のごめい福をお祈りし、その償いを考えなければなりません。長崎は今世紀最大の残虐な原爆によって一瞬にして廃墟《はいきょ》と化しました。あの瞬間から膨大な数の方々が亡くなりました。今もなお多くの被爆者がケロイド、血液疾患、悪性腫ようなどの後障害のために苦しみ続けています。

過去を反省することは、未来に平和を築くことであります。戦争の悲惨さと平和と人権の尊さを子供たちに伝えていこうではありませんか。

二、核兵器の廃絶を強く世界に訴えよう。

核兵器は人類を絶滅させる最大の脅威であり、絶対悪であります。長崎は、核実験の即時全面禁止と核兵器の廃絶を訴えます。

本年六月の米ソ戦略核兵器削減条約の基本合意、欧州通常戦力の削減交渉が行われるなど世界情勢は大きく動いています。

しかし今日なお、核保有国は核抑止戦略を放棄せず、核実験は依然として続けられ、核兵器は高性能化されるなど核戦争に導く火種は後を絶ちません。特にアジア・太平洋地域に集中している海洋発射型の核ミサイルの削減については、今も楽観を許さない状況にあります。今こそアジア・太平洋地域の非核地帯化のため日本政府の主体的、積極的な外交を望むものであります。

三、非核三原則の厳守を。

核兵器を持たず、作らず、持ち込ませずという非核三原則は日本の国是であります。しかし核兵器が持ち込まれているのではないかという疑惑を持っている国民は多い。アメリカの、信頼できるかつての責任者たちは、「核兵器の日本への寄港、領海通航、陸揚げは非核三原則に含まれない」、「核兵器を積まぬ空母はない」と明言しています。アメリカ当局は、日本に寄港する艦船の核兵器の有無については答えないといっています。日本政府は真実を明らかにしなければなりません。

二十五年前、沖縄近海で米空母が水爆搭載機の転落水没事故を起こし、今年は空母ミッドウェーが火災事故を起した後、横須賀に入港しました。核兵器の事故の危険に国民はおののいています。

私たちは、非核三原則の厳守とその立法化を強く求めます。日本政府は、防衛費の削減にも積極的に取り組まなければなりません。

四、原爆被爆者援護法の制定を。

あの原子爆弾によって、人間のすべてが無残に破壊されました。今も数多くの被爆者が孤独、老齢、差別、原爆症などで心も体も生活も滅びゆきつつあります。

戦争のためなら、どんな犠牲もやむを得ないというのでしょうか。この深刻な苦難を被爆者だけに背負わせてよいものでしょうか。

原爆による無差別殺りくは、人道的立場から考えて国際法違反行為であります。日本は、サンフランシスコ平和条約によって対米賠償請求権を放棄しました。従って政府は原爆被爆者に対して補償する義務があります。また不戦の決意を表明した日本国憲法をふまえ、核戦争拒否の姿勢を明確にさせるためにも、援護法を制定すべきであります。

五、外国人被爆者に謝罪と援護を。

戦後四十五年間、外国人被爆者は、実態さえ不明のまま放置されてきました。私たちの人道上の責任はきわめて大きいといわなければなりません。

特に、当時の朝鮮や中国の人たちが残酷な植民地支配のもとに、強制連行され、非人道的扱いをうけ、異境の地で被爆して世を去り、あるいは年老いて、原爆症によって心身ともに破壊されています。

私たちは速やかに謝罪し、実態を調査し、援護をしなければなりません。

今ここ長崎の地に初めて国内の非核都市宣言自治体の首長が集まりました。核戦争が起れば都市は真っ先に破壊され、市民が最大の被害を受けます。都市は連帯して平和を築いていこうではありませんか。

平和は人類が子孫に残す唯一の遺産であります。私たちは長崎市民平和憲章を実践し、長崎を地球上最後の被爆地としなければなりません。

ここに、原爆でなくなられたみ霊のごめい福と、ご遺族、被爆者のご健康をお祈りし、新たな決意をもって、世界恒久平和実現のために努力することを長崎市民の名において宣言します。

＊

〈長崎新聞8月9日付夕刊一面の見出し〉外国人被爆者に謝罪を／45回目 長崎原爆の日／援護法と非核3原則立法化も／平和宣言で本島市長／海部首相は消極的姿勢／平和祈念式典

平成元（1989）年　通算41回目

日本のみなさん、世界のみなさん、ナガサキの声を聞いて下さい。きょう原爆の日。

一、真珠湾攻撃から長崎原爆までを考えよう。

あの太平洋戦争は、真珠湾攻撃に始まり、長崎原爆に終わった。内外二千数百万人の尊い生命を奪った。私たちは今戦争を心から反省し、犠牲となった多くの日本人と外国人のごめい福をお祈りしよう。

長崎は昭和二十年八月九日、人間がつくった原子爆弾によって人間とすべての生活を無残に破壊された。あの日から今日まで原爆症によって数知れない人たちがこの世を去った。今も多くの被爆者が孤独、老齢、病弱、差別、そしてケロイド、血液疾患、悪性腫よう、それらによる肉体及び精神障害などで心も体も生活も滅びゆきつつある。

二、長崎を最後の被爆地に。

あの日、長崎市民は、原爆が地球人類を絶滅させる究極兵器であることをみた。しかも、あの時以来、核兵器は質量ともに増強され、もし核戦争が起これば人類は絶滅の危機にさらされる。

長崎はすべての核保有国に絶対悪の核兵器を直ちに廃絶し、速やかに核実験の禁止を求めるものである。

三、日本を核兵器から守るために。

日本政府は核抑止の考え方を改め、非核三原則の立法化とアジア・太平洋地域の非核地帯化に努めるよう訴える。

非核三原則は国是であるが、核兵器は持ち込まれていると信じている国民は多い。アメリカ政府は日本に寄港する艦船の核兵器の有無については答えない。信頼するアメリカ人は、核兵器の日本への寄港、領海通航、陸揚げは非核三原則に含まれないと明言している。昭和四十年（一九六五年）十二月、沖縄近海で米空母より水爆搭載機が転落水没事故を起した後、横須賀港に入港したといわれる。事前協議を待つまでもなく、真実への解明の努力は国民に対する政府の義務である。

また、世界において中南米、南太平洋は非核地帯化され、ヨーロッパにおいてはＩＮＦ（中距離核戦力）全廃条約が締結され、東西首脳の折衝、草の根運動の高まりによって、東西ヨーロッパの国際軍縮は一歩ずつ前進しつつある。しかるに海洋配備のＩＮＦはアジア・太平洋地域に集中し増強され、まさにこの地域は世界の核の最前線基地である。今こそ非核三原則の立法化、アジア・太平洋地域の非核地帯化に積極的に取り組むべきである。
四、世界の都市は、平和の拠点となろう。
今、ここに第二回世界平和連帯都市市長会議へ世界の市長たちが集まった。

ひとつひとつの都市が長崎の被爆の実相をみて、核時代における都市の役割りを考え、世界平和実現のため、各都市が連帯することを誓うものである。

五、地球の未来を守るために。

軍事費の世界的増大は、財政の危機と民衆の生活を極度に圧迫している。さらに、飢餓と貧困、人権抑圧と差別、南北格差の解決が叫ばれて久しい。しかし、前進はない。また、世界の環境の汚染・破壊、資源の浪費は許されない状況にある。

今や、われわれは、地球の未来を守るために勇気をもって立ち上がらなければならない。

六、今、われわれが求めるもの。

日本政府に対して

①被爆者のために速やかな国家補償の精神に基づく援護法の制定を。

②外国に住む日本人および外国人被爆者に、国内の被爆者と同等の援護措置を。

③長崎、広島の被爆者、また核実験や原子力発電所等で被曝した世界の人たちのために国際医療センターの設置を。

国連と世界の国々に対して

国連と世界の国々は、平和こそ人類が子孫に残す唯一の遺産であることを心に刻み、子供たちに核兵器の脅威と平和の尊さを教えることを。

原爆殉難者のみ霊の安らかであることを念じ、長崎の全市民が心を一つにして、核兵器廃絶と世界平和実現に向かってまい進することを宣言する。

〈長崎新聞8月9日付夕刊一面の見出し〉非核3原則の立法化を／44回目 長崎原爆の日／国境を超えた平和求める／加害責任にも言及／本島市長が平和宣言

＊

昭和63（1988）年　通算40回目

日本の皆さん、世界の皆さん、長崎の声を聞いて下さい。

四十三年前のきょう、世界で二番目の原爆がさく裂した。巨大な火の玉が空を覆い、数千度の熱線とすさまじい爆風、悪魔の放射線が地上に襲いかかった。地上のすべては赤々と燃えに燃えて瓦《が》れきと化した。大地が火を噴き、廃墟《はいきょ》の中に黒焦げになった死体、水を求めて川辺にたどりついて息絶えた人たち、死んだ親を背負っている子供、冷たくなった赤ん坊を抱きしめ必死に丘をはい上がる母親、焼けただれた皮膚をぼろぎれのようにひきずって歩く少年、電気に打たれたように髪が逆立っている少女、全裸に近い姿で逃げ惑う幽鬼の群れ。まさにこの世の地獄絵図であった。

かつて人類が経験したことのない破壊と絶望がそこにあった。今、長崎・広島に残る資料は、当時の惨状の一万分の一も伝えることができるだろうか。しかも今日まで多くの人が被爆の後遺症でこの世を去り、また、年老いて病弱の不安におののいている被爆者の数はあまりにも多い。

長崎は人類みな殺しの恐ろしいこの原爆が二度と使われないことを願って、世界に向かって核兵器の廃絶を訴えてきた。しかし、世界の核兵器は質・量ともに増強され、人類を何回も絶滅させるほどに保有されている。

今年六月、米ソ両国によるＩＮＦ全廃条約の成立は、歴史上初めての核軍縮として歓迎すべきことである。しかし、陸上配備のＩＮＦは全廃されるが、米ソ両国とも海洋配備のＩＮＦは、依然として増強されつつあり、特に太平洋、日本海、オホーツク海等公海は無制限な核戦略の基地に変わってきた。まさに核戦争の危機の重点は、アジア・太平洋地域に移ったといわなければならない。南太平洋非核地帯条約が締結された現在、今こそ日本とその周辺を非核地帯とすることが急務である。

非核三原則が日本の国是となって二十年、その空洞化はもはや許されない時にきた。アメリカの艦船の日本への寄港に対して、日本政府は主体性をもって核兵器の有無を検証し、非核三原則を厳しく守る立場を鮮明にすべきである。今や核保有国、特に米ソ両国の艦船が外国に寄港する際、核兵器搭載の有無を通告するか否かは、世界政治の重大問題となってきた。

今年六月、ニューヨークで開催された第三回国連軍縮特別総会は最終文書の採択がなされず、複雑な国際情勢を浮き彫りにしたが、このことは、核軍縮のためには米ソ両国だけでなく、多国間の話し合い、世界の市民運動の盛り上がりがますます必要であることを示している。

来年八月、長崎・広島で第二回世界平和連帯都市市長会議を開き、今、都市が何をなすべきかを話し合うことになっている。

最後に日本政府に次のことを真剣に取り上げることをお願いしたい。

一、「核兵器は絶対悪」という考えに立ち、直ちに核実験の停止を世界に呼びかけて下さい。

二、被爆者のために一日も早い国家補償の精神に基づく援護法の制定をお願いします。

三、外国在住の日本人及び外国人被爆者に対しても、国内在住の被爆者と同等の援護措置が行われるよう努力して下さい。国の責任を明らかにする上からも、早急に取り組むべきことであります。

四、長崎・広島の被爆者、また核兵器の実験や原子力発電所等で被ばくした世界の多くの人たちのために、国際医療センターの設置をお願いします。

五、世界のすべての国々が、特に青少年に対して、戦争はきわめて野蛮な、非道徳の行為であることを教えるために、国連と強調して平和教育の実践に努力して下さい。

原爆殉難者の御霊《みたま》の安らかな憩いを念じ、ご遺族と被爆者の皆様とともに、来年また平和を祈ることができますように、心からご健康をお祈りします。

長崎は、核兵器廃絶運動の出発点であります。平和こそ人類が子孫に残す唯一の遺産であります。

全市民が心を一つにして、核兵器廃絶と世界平和実現に向かって努力することを宣言します。

＊

〈長崎新聞8月9日付夕刊一面の見出し〉日本周辺を非核地帯に／43回目　長崎原爆の日／「三原則」空洞化許されぬ／寄港艦船の検証を／本島市長が平和宣言

昭和62（１９８７）年　通算39回目

日本の皆さん、世界の皆さん、ナガサキの声を聞いて下さい。

きょう八月九日。悲しい原爆の日。

一個の原子爆弾がさく裂して、その瞬間、長崎は炎うずまく地獄の谷となり、熱線、爆風、悪魔のような放射線は、十数万の人びとを殺し傷つけました。

放射線は、これまでよりさらに大きく人体に影響を及ぼすことが最近科学的に実証されつつあります。

あの日の惨禍は、今なお生き残った多くの被爆者の心と体をむしばみ続け苦しめています。

長崎は、この原爆が人類の滅亡につながる兵器であることを知り、核兵器廃絶を訴え続けてきました。

しかし、核兵器の開発は、現代科学の粋を集めて何のためらいもなく続けられ、今や全世界の核兵器の威力は、長崎・広島型原爆の百数十万倍にも及んでおり、しかも、核戦略は宇宙空間にまで広がろうとしています。

ＳＤＩなどの開発競争は、白雲浮かぶ青空も、緑の大地も、青い海も、今や破壊と殺りくの核戦場となる可能性を持っています。

現在、米ソ両国によるＩＮＦを中心とする核兵器削減に関する提案には新たな変化がみられます。両国は、東西の平和共存は可能であるという考えに立ち、年内に首脳会談を開催し核兵器廃絶に向かって、あらゆる努力をはらって下さい。また、その他の核兵器保有国も核兵器廃絶への道をすみやかに歩んで下さい。

国連の全加盟国は、来年予定されている第三回軍縮特別総会において、過去二回の特別総会の反省の上に立ち、国際世論の盛り上がりを受け止め、核軍縮についての画期的な決議を採択するよう努力して下さい。

ここで、日本政府にお願いを申し上げます。まず、国是である非核三原則を厳密に守ること。核実験の停止をはじめ世界の核軍縮のために積極的に働くこと。世界の被爆者のための国際医療センターを設置すること。昭和六十年度原子爆弾被爆者実態調査の結果を踏まえて、一日も早く国家補償の精神に基づく被爆者援護対策を確立すること。子供たちの平和教育を徹底すること―などであります。

本年、長崎は、モスクワで開催され多大の反響を呼んだ国連主催の「核兵器―現代世界の脅威」展とベルリン世界市長会議に出席して、核兵器廃絶と世界平和の実現を訴えました。

世界平和連帯都市市長会議は、西ドイツハノーバー市で理事会を開き、都市が連帯して核実験の停止と核兵器の廃絶に向かって努力していくということを決議しました。

ヨーロッパでは、東西ともに身近に核兵器が配備されて、市民は核戦争の脅威を肌で感じていることを知りました。

平和は武装して守るものではなく、世界の人びとが手をつないで作り上げるものであります。平和こそ、人類が子孫へ伝え残すべき最高の遺産であります。

しかし、軍事費はますます増大して、世界の経済の発展も豊かな環境づくりもそのために阻害されています。武器の生産と広がりは、〝死の商人〟からさらに最新兵器を供与する〝死の政府〟へ拡大し、各地に軍事紛争の種をまき、人びとの生活に不安と恐怖を与えております。

日本はこれまで平和主義を旨とし、軍事費をできるだけ少なくして現在の繁栄にいたりました。これは人類の新しい実験として、また、二十一世紀にいたる正しい路線として、全世界に提示されているものであります。

経済活動が国際的に広がるなかで、今こそ世界の国々は軍縮の努力をはらい、「世界は一つ」という理念を確立するときであります。

私たち日本人は、世界の飢餓・難民・疾病・失業などを自らのものとして解決しなければなりません。

ここに、原爆で亡くなられた方々の御霊《みたま》安かれと祈り遺族の方々と被爆者の皆さんのご健康をお祈りいたします。

原爆のあの悲惨さを決して忘れることなく、核兵器廃絶と世界恒久平和に向かって努力することを宣言します。

＊

〈長崎新聞8月10日付朝刊一面の見出し〉米ソ首脳会談を／長崎　42回目の「原爆の日」／核兵器廃絶で年内開催訴え　本島市長「平和宣言」／平和——最高の遺産／若者代表も「願い」唱和／２万４０００人参列し式典

昭和61（１９８６年）　通算38回目

日本の皆さん、世界の皆さん、ナガサキの声を聞いて下さい。

きょう四十一年目の原爆の日を迎えた。あの一発の原爆が、長崎の上空にさく裂して街を完全に破壊し、すべての生物を焼き尽くし、まさに地獄の様相を呈した。あの日から今日まで、何万人の被爆者が、苦しみつつ無念の思いを残して死んでいったことだろう。

そして、いま、広島と長崎で被爆してなお生き続けている全国三十七万人の被爆者と多くの遺族が心も体も、暮らしも苦しみの中に年老いてゆく。

長崎は、あの日、原爆が、人間が作り出した、人類全滅の恐ろしい兵器であることを知った。

しかし今日、核兵器を含めて世界中に軍備拡大は進み、武器を生産し、使用する人口は、驚異的に増加し、まさに地球は武器を満載して自転しているといわなければならない。人類はいまほど深刻に自滅の危機に直面したことはない。

しかし、第一回軍縮特別総会以来、軍縮への進展は何ひとつ見られず、危機はますます増大した。

健全な経済活動と平和への努力が失われたところに、世界の飢餓も、道徳の退廃も生まれたものである。

米ソ両国が、互いに軍備の優位を保とうとする限り軍縮の話し合いは失敗すること、軍事費を増やせば、国の安全が増すという考え方は、逆に危機感を高めるということをわれわれは知った。

今年四月ソ連チェルノブイリ原子力発電所からの死の灰は、十日あまりで地球を取り巻いた。農作物だけでも東ヨーロッパを中心に大きな被害を与えた。

私どもは、この教訓を核戦争の防止に向けての、国際世論の中に生かさなければならない。

国連は第三回軍縮特別総会を早急に開催し軍縮と平和を、統一された行動プログラムとして積極的に決定し、採択すること、また平和や安全保障についての国境を越えて広がりつつある都市と、民間組織や市民運動を積極的に支援すべきである。

次に今日世界は否応《いやおう》なく、米ソのペースに同調せざるを得ない状況をつくりだしている。しかし唯一の被爆国としてわが国は、非核三原則を厳守し国際平和年のことしを契機として、核兵器廃絶へ向かって米ソ首脳会談の早期実現、核実験の即時停止、宇宙軍備拡張の防止、非核地帯の設置、国際医療センターの設立、被爆者援護の確立に真剣に努力すべきである。

特に中曽根首相にお願いいたしたいのは、軍縮交渉の場を、ニューヨーク、ジュネーブだけでなく長崎、広島にも誘致していただきたいこと、世界の子供たちの教科書に、原爆の惨状を誤りなく書きこんでいただきたいことであります。

長崎は昨年広島とともに、第一回世界平和連帯都市市長会議を開いた。また米ソ両国は、日本からの平和使節団の受け入れを約束してくれた。今や世界中の平和を求める都市は数限りなく増え続け、特に平和市民団体も国境を越えて大きなうねりとなってきた。都市も平和組織も前進のために手をつなぐ時である。草の根の豊かな土壌に新しい世界への力が生れる。

ここに原爆で亡くなられた方々の御霊《みたま》安かれとお祈りし、遺族の方々の平安と被爆者の皆さん方のご健勝をお祈りします。

長崎は被爆者の心を心として核兵器廃絶と恒久平和に向かってさらに努力を続けることを宣言する。

＊

〈長崎新聞8月9日付夕刊一面の見出し〉反核の叫び 世界へ届け／41回目 長崎原爆の日／高らか平和宣言／祈念式典に2万4千人／中曽根首相も供花

昭和60（1985年） 通算37回目

日本の皆さん、世界の皆さん、長崎の声を聞いて下さい。原爆が投下されてから四十年、一日として忘れられないあの日、十一時二分、強烈な青白い光は眼を焼き、秒速五百米《メートル》の猛烈な爆風は人間の体を灼熱《しゃくねつ》の空に吹き上げ、火煙の中に屋根がわらは渦を巻き、窓ガラスの破片は人間の体に襲いかかり、セ氏三千度を超える熱線は、人間を内部まで黒々と焼いた。真夏の昼は、キノコ雲の下でたちまち暗くなった。七万数千人が焼かれ、黒焦げになり、爆風にたたきつけられて死んだ。皮膚を焼かれた裸の男が炎をのがれてよろめき、血だらけの死んだ子供が死んだ父親を引きずり、若い母親が首のない乳のみ子を抱きしめて、あえぎながら歩いて行く。

この四十年間に、数多くの被爆者が放射能後障害に苦しみながらこの世を去り、また、今なお、人生の幸せを奪われた孤独な被爆者が、死の恐怖におののきながら生き続けています。

今日、この原爆の丘に全国から年老いた被爆者と遺族の皆さんが集まられました。また、世界平和都市市長会議に出席された世界二十二カ国、六十余の市長さんたちや、国内からの多くの市長さんや町長さんたち、内外報道陣の方々も集まっておられます。世界三十三カ国百十余の市長さんたちからも、温かいメッセージが寄せられました。会議に参加された世界の市長さんに申し上げます。この長崎の原爆の惨状と、四十年の苦しみを世界に伝えて下さい。世界の人口の大部分が都市に住み、核戦争が起これば、真っ先に都市が破壊され、市民が全滅することは明らかであります。

核戦争から市民を守ることは、市長の大切な任務であります。私たちは、信頼と友情を深めて、世界の核兵器廃絶と平和への努力のために団結し、世界の飢餓の救済、開発協力など、都市連帯の輪をひろげなければなりません。そのためにも、この会議が今後再び開かれるよう提言いたします。

米・ソ両大国の首脳が、この秋、ジュネーブで核軍縮交渉のテーブルに着くことになっています。被爆四十年の今年こそ、戦後の核軍拡の歴史を逆転させる記念すべき年にして下さい。

日本政府に心をこめて申し上げます。第三回国連軍縮特別総会を早く開催すること、核兵器廃絶への積極的外交を進めること、被爆者の国家補償を速やかに実現すること、非核三原則を文字通り厳守し、日本とその周辺を非核地帯にすることに努力してください。私は、米・ソ両国へ平和使節団を派遣することと、世界の被爆者のための国際医療センターを設置することを提唱いたします。

原爆で亡くなられた方々のご冥福と、ご遺族と後遺症に苦しむ被爆者の健康をお祈りいたします。

長崎は、地球最後の被爆都市でなければなりません。私たちは核実験が行われる度に抗議し、常に核兵器反対を世界に訴えてまいりました。

核戦争へあと三分。核兵器廃絶宣言都市として長崎は、世界平和のためまい進することを、ここに宣言いたします。

＊

〈長崎新聞8月9日付夕刊一面の見出し〉核廃絶へ都市連帯の輪を／長崎原爆の日／「血の叫び」訴え続けて40年／決意新た祈念式典／最高の2万4千人出席／市長が平和宣言◇平和宣言 日本を非核地帯に

昭和59年（1984年）　通算36回目

日本の皆さん、世界の皆さん、ナガサキの声を聞いてください。あの日十一時二分、真夏の太陽を引き裂いて、せん光が走り、天地が揺れ動いた瞬間、長崎は地上から姿を消しました。人間が焼けただれ、肉を引きちぎられ、累々と横たわり、また全身黒焦げになって、痛みと渇きに水を求めて、川辺に倒れた無数の男女、まさに人類滅亡の姿でした。

私たちがこの丘に集まり、三十九年間、核兵器廃絶、世界平和実現を叫び続けてきたのは、長崎の一発の原爆が、広い地域のあらゆる生物を残酷に殺りくし、すべての構造物と社会機能を、痕跡を留めないまでに破壊し尽くした、それは今後核戦争が興《おこ》れば、地球は滅亡することを、長崎市民は知り得たからであります。地球の未来は、今や人類自身の選択にゆだねられています。

確かに、これまでの平和を求める国際世論と、大きな草の根運動のうねりが、核戦争のぼっ発を防いできた。しかし、絶え間なく繰り返される核実験、驚異的に増え続ける核を含む兵器生産、ヨーロッパ、アジアに拡大される核兵器配備、中断したままの軍縮交渉、また増加し続ける局地戦争、まさに世界は、最悪の危機にあります。なお、今日人間の生存を脅かす不幸な現実を、直視しなければなりません。今、発展途上国の数億の人たちは飢えに苦しみ、世界各地に難民と失業者が増え、とくに未来を担う数千万人の子供たちは、教育の機会もなく、飢えと極度の栄養失調にあります。

このような状況のなかで、日本の私たちが核兵器廃絶、世界平和実現の叫びを、今よりさらに大きく、世界の声とするためには、世界の人たちの苦しみや悲しみの解決に力を尽くし、とくに発展途上国に対して、誠実さと謙虚さとをもって、技術と富とを分かち合い、信頼と友情とを獲得しなければなりません。

さて、被爆国日本の政府に、誠意をこめて申し上げます。まず日本の軍縮に真剣に取り組むこと、米ソ両国を直ちに軍縮の話し合いの席に着かせること、その際世界の平和を求める声を代表して、国連事務総長を同席させることに努力して下さい。

また、今日ソ連のＳＳ20の極東への増強とアメリカの核トマホークの艦船への配備等、日本周辺は、まさに緊迫した状態にあります。

これらの核搭載艦船のわが国への寄港、通過について日本政府は、事前に核の有無を確認して「非核三原則」を厳守して下さい。また日本とその周辺を非核地帯にすることに最大の努力を払って下さい。被爆者も教育者も、すべての国民が、決然として、平和を守ることを考え、行動に立ち上がるときです。

最後に私は、米ソ両国への平和使節団の派遣と、世界の被爆者のための国際医療センターの設置を提唱いたします。日本政府に来年被爆四十周年を期して、被爆者の国家補償が実現することを強く求めます。また世界中の多くの人たちが長崎を訪れて、原爆の実相を確かめ、人類の未来を考えることを強く訴えます。

ここに、原爆で亡くなられた御霊《みたま》のごめい福と、ご遺族のご健康をお祈りし、長崎こそ、地球上の最後の被爆都市でなければならないことを誓い、世界永遠の平和実現のために、まい進することを長崎市民の名において宣言いたします。

＊

〈長崎新聞8月9日付夕刊一面の見出し〉「非核三原則」厳守を！／39回目　長崎原爆の日／核搭載艦寄港に危機感／首相参列　式典で市長が平和宣言／首相「恒久平和」訴え◇「まず日本の軍縮　真剣に」／平和宣言（全文）

昭和58（１９８３年）　通算35回目

長崎の皆さん、日本の皆さん、そして世界の皆さん、今日、三十八年目の悲しい原爆の日。

私たちは原爆で亡くなられた御霊《みたま》の安らかないこいと、年老いた被爆者の健康を願い、また、長崎こそは世界最後の被爆都市でなければならないと心から訴えるために、ここ原爆の丘に集まりました。

ああ、七万数千人の命が奪われ、あらゆる建物が瓦礫《がれき》となりました。人の肉がちぎれて飛び散り、乳飲み子は焼け死んだ母親の乳房にすがりついたまま、人々は水を求めて川にのめり込んだまま、息絶えました。

それはまさに人類の滅亡を思わせる残酷な光景でした。

私は、昨年ニューヨークの第二回国連軍縮特別総会に、今年ジュネーブの国連主催「核兵器・現代世界への脅威展」に出席し、核兵器廃絶、世界恒久平和実現を強く訴えました。そして、核兵器廃絶、世界恒久平和実現を強く訴えました。そして、平和へのうねりの大きな高まりと、それにもまして、核戦争の危機を肌で感じたのであります。

米ソ両大国をはじめとする核保有国の指導者の皆さん、すべての人類を数十回も殺すことのできる核兵器の貯蔵がどうして必要でしょうか。直ちに核兵器の実験と生産をやめて下さい。

地上から、空中から、海上から、いつ発射されるかもしれない核兵器におびえながら、平和がいつまでも続くというのでしょうか。

日本政府は「非核三原則」の中の「核を持ち込ませず」に疑いをもっている人々に誠意をもって答えて下さい。私たちは、武装した外国艦船の出入に大きな不安を抱いております。日本の国土とその周辺を非核武装地帯とすることに力を注いでください。また、昨年、鈴木前首相が第二回国連軍縮特別総会で提唱した「核軍縮の最優先」「国連の平和維持機能の強化、拡充」を一刻も早く推進してください。

日本の皆さん、私たちは後遺症に苦しみ、年老いていく被爆者に国家補償による援護の確立を強く訴えてきました。暖かいご支援をお願いします。

長崎の皆さん、私たちはあの原爆の恐ろしさを忘れることができません。全市民が力を合わせ、「平和は長崎から」の声を全世界に送りましょう。また、被爆者の皆さんが積極的に原爆の残酷さを証言して下さい。

さあ、被爆者も、教育者も、母親たちも、そして、すべての国民が、平和への行動に立ち上がるときです。私たちの一人一人が平和をしっかり考え、勇気をもって発言するときです。人間のすべての生活が平和の基礎の上に成り立っていることを多くの人たちに伝えましょう。ただ、平和への草の根運動は常に立場や考え方の相違を認めあう寛容の精神によって支えられなければなりません。

最後に私は、米ソ両大国に被爆の実相を訴え、相互不信の打開のために平和使節団の派遣を提唱いたします。

また、日本と外国の被爆者のための国際医療センターの設置が必要であります。その実現に力を結集しましょう。

ここに、被爆三十八周年原爆犠牲者慰霊平和祈念式典を迎え、原爆殉難者のごめい福と原爆後遺症に苦しむ被爆者の健康と平安をお祈りするとともに、今こそ、核兵器を地球からなくし、世界の永遠の平和を実現するために、市民こぞって力強く歩き続けることを宣言いたします。

＊

〈長崎新聞8月9日付夕刊一面の見出し〉 直ちに核兵器追放を／38回目 長崎原爆の日／祈りから怒りの行動へ／人類の良心問う宣言／米ソへ使節団派遣提唱

昭和57年（1982年） 通算34回目

日本全国の皆さん、世界の皆さん、ナガサキからの声を聞いてください。

長崎は、この七月二十三日、思いがけない大水害に襲われ、三百人の方々が尊い命を失いました。

私たちは、これらの方々のご冥福を祈りつつ、悲しみのうちに原爆の日を迎えました。

思えば三十七年前、ただ一発の原爆によって、子供も、大人も、おとしよりも、外国の人も、七万有余のかけがえのない生命が一瞬にして奪われました。

見渡す限りの死の廃墟《はいきょ》、川は沸騰して血と脂がとび散り、屋根瓦も、道ばたの石ころもとけました。

人々は熱線でやけどし、爆風がそのやけどの肉をちぎり、はぎとっていきました。皮膚がたれ下がり、ボロをまとったような負傷者の群、地をはう人、呻《うめ》きもだえ水を求める人、爆圧で叩きつけられ腸がとびだした人たちが巷《ちまた》にあふれました。

一人の少年は両親のなきがらを焼いた土の上に涙を流し続け、一人の少女は粗末な空きかんに父と母の遺骨を入れて学校に通いました。

まさに地球滅亡の姿、人類皆殺しの地獄絵図であります。

今、無限の悲しみにくれつつ、厳粛に思うことは、原爆の残酷さと死の恐怖を体験し、苦しみと絶望の極限に立つ者こそが、誰よりも戦争を完全に否定し、心から平和を求める境地に到達し得るものであるということを。

今日、ここ、原爆の丘に集まった私たちは、声を大にし、決意を新たにして、次のことを強く訴えます。

一、日夜、生命の不安におびえている被爆者の皆さん、今後、地球上のどこにも、決して核兵器が使われないために、皆さんの悲惨な体験を積極的に証言してください。

また、教育者と母親の皆さん、核兵器をなくし、完全軍縮と平和を実現することが、人類が未来に生き残る唯一の道であることを子供たちに教えてください。

二、長崎市民の皆さん、第二回国連軍縮特別総会を契機として、核兵器反対草の根運動は、地球上に大きなうねりとなりました。世界の反核、軍縮の署名は一億人にも達しました。私たちは国の内外にさらに強く、広く平和運動を燃え上がらせ、世界を包む民衆の声にそだてましょう。長崎はその運動の原点として力を結集し、第三回国連軍縮特別総会へ向けて核兵器廃絶、世界恒久平和実現の道を開きましょう。

三、全国民の皆さん、被爆後三十七年をへて、年老いた被爆者は孤独の中で死の恐怖とたたかっています。これらの方々に平和のあかしとして、国家補償の精神にのっとり、被爆者援護の確立のために深い理解と協力をお願いいたします。

四、鈴木総理大臣にお願いを申し上げます。世界最初の被爆国として核兵器廃絶、世界恒久平和実現のため、国民の先頭に立ってください。また外国政府に強く働きかけて下さい。特に第二回国連軍縮特別総会で演説された「核軍縮の最優先」「国連の平和維持機能の強化、拡充」が具体的に推進されるよう尽力して下さい。また非核三原則を堅持するとともに、日本本土とその周辺を非核武装地帯とすることを宣言してください。

五、核兵器を毎日生産している米ソ両大国をはじめ、すべての核保有国の指導者に申し上げます。核兵器の拡大競争は、絶望と破滅の世界を作ることになります。今のままで人類に未来があるでしょうか。核兵器廃絶への具体的一歩をふみだすために、核兵器実験の禁止と生産の停止を直ちに実現するよう、誠意と信頼をもって話し合ってください。

原爆殉難者の御霊《みたま》よ、あなた方の安らかないこいをお祈りいたします。原爆後遺症に苦しむ被爆者の皆さん、あなた方の悲痛の叫びがきこえます。ご健康を心からお祈りいたします。

原爆は絶対に使われてはなりません。長崎は地球上最後の被爆都市でなければなりません。

今こそ、核兵器廃絶、世界恒久平和実現に向かって、全市民こぞって直進することを内外に宣言します。

＊

〈長崎新聞8月9日付夕刊一面の見出し〉 地球上最後の被爆都市に――／長崎原爆の日／怒りと悲しみ新た 37周年

昭和56（1981）年　通算33回目

長崎の皆さん、日本全国の皆さん、そして全世界の皆さん。

きょう八月九日は、悲しい長崎原爆の日です。

私たちは、原爆で亡くなられた数多くのみ霊のごめい福を祈り、またいまなお後遺症で苦しむ被爆者を励ますために、そして再び世界に核戦争を起させないことを誓うために、この原爆の丘に集まりました。

年老いた被爆者、被爆者の二世・三世、遺族、小中高生、市民、そして全国から、また外国からたくさんの皆さんが参列して、花を供え、水を献じて、鎮魂と平和への決意を新たにしています。式典に参列できない寝たきりの方、一人ぼっちの方も、手を合わせてお祈りしていることでしょう。

いまわしいあの焦熱地獄が、きのうのことのように思われます。悪魔のような熱線・爆風・放射線は、親兄弟も、親しい友達も、隣人も、そして長崎にいた外国人の命も一瞬のうちに奪い、幼稚園・学校・会社・商店・工場は、廃墟《はいきょ》となりました。

あれから三十六年、被爆者の悲痛の叫び声は押しつぶされ、原爆の悲惨さ、その傷跡も忘れ去られようとしており、戦争そのものが風化しつつあります。

私の声の届く限りのすべての皆さんに申し上げます。八月九日を心に刻んでください。私たちは、国家補償による被爆援護の確立を要求し続けております。

特に孤独・老齢化が進み、死を目前にした被爆者の実情に、国民の深い理解と協力をお願いします。

社会の担い手も、戦争の経験のない若い世代に代わりつつあります。これらの人々に「原爆の悲惨さ残酷さをどう伝えるか。」「八十年代の平和へのエネルギーをどうかもし出させるか。」これが、私たちに負わされた課題といえましょう。

そこで、特に、教育者の皆さんにお願いしたい。

核兵器をなくし、完全軍縮の実現こそが、人類が未来に生き残る唯一の道であることを、子供たちに、すべてに優先して教えて欲しい。平和こそ、私たちが子孫に残すただ一つの遺産なのです。

世界の人々の平和を求める声は強く、一九七八年の国連軍縮特別総会でも多くの国々の関心が高まり、また、本年二月来日したローマ法王ヨハネ・パウロ二世は、平和アピールの中で、「過去を振り返ることは、将来に対する責任を担うことだ。」と指摘し、全世界に平和の力強い叫びとして伝えられました。

しかし、いつまで続くのか。核兵器の拡大競争と核兵器を持つ国の増加は、恐怖の均衡のもとに破滅へ向かう絶望の世界と言えないでしょうか。

核兵器を造る国々の人々に訴えます。私たちは、今まさに、人類滅亡の淵に立っております。核兵器の生産をやめ、その費用の一部を使えば、世界各地の数億人の飢えと、第三世界の貧困は解消されるでしょう。

次に考えなければならないのは、日本の国是としての非核三原則の一つ『核兵器を持ち込ませず』が揺らいでいることです。今日核の寄港、通過があったと信じている多くの人々の声に耳を傾けてください。

鈴木総理大臣は、直ちにこのことに対処して真実を国民に知らせてください。

廃墟《はいきょ》の中、絶望と飢えに耐えながら、戦争放棄と永久の平和確立を誓った日本国憲法の精神を思い起こし、将来にわたって核兵器の廃絶、完全軍縮、恒久平和を国是として積極的に外交を進め、決してどの国をも敵視しない国の方針を打ち立ててください。

また、来年の第二回国連軍縮特別総会に向けて、世論を高め、対策を練り、実り多い結果をもたらすよう努力してください。

特に、第一回国連軍縮特別総会の行動提起に従って、日本本土とその周辺を非核武装地帯とすることを宣言してください。

ここに、被爆三十六周年原爆犠牲者慰霊平和祈念式典を迎え、重ねて原爆殉難者のごめい福と原爆後遺症に苦しむ生存被爆者の健康と平安とをお祈りするとともに、世界恒久平和の実現に向かって直進することを、全市民の名において内外に宣言します。

＊

〈長崎新聞8月10日付朝刊一面の見出し〉核廃絶へ新たな誓い／36回目の原爆の日／長崎市長が提言　体験継承と平和教育を◇国連軍縮向け行動を／原水禁一九八一年世界大会終わる／海外代表も積極的発言

昭和55（１９８０）年　通算32回目

昭和二十年八月九日。長崎市は人類の想像を絶する焦熱地獄と化し、七万有余の尊い生命が奪われた。

あれから三十五年、いまもなお、数多くの被爆者が後遺症に苦しみ、死の影におびえ続けている。

戦争の惨禍を受けた国民が歳月の流れとともにその精神的・肉体的痛みが薄れつつあるとき、被爆者の苦悩は深まり、激しくなっている。

いまここに、被爆者、遺族、青少年はじめ、市民、国内外の人々が相集い、原爆によって死亡した方々のみ霊の前にぬかずき、心からその霊を慰め、ごめい福をお祈りした。

われわれは、原爆のためにたおれた肉親や隣人の悲しみと恨み、平和への願いを深く心に刻んでいなければならない。

後世の史家は、必ずや、原爆投下の残酷さを二十世紀最大の汚点の一つに数えるであろう。長崎市民は原爆の悲しみと憤りの中から立ち上がって、核兵器の廃絶と全面軍縮とを訴え続ける義務と責任、そして使命感を持つものである。

思えば、いまやかすかにさしそめた国際間の緊張緩和の曙光《しょこう》さえかき消され、核兵器開発競争はますます激しさを加え、今年の核実験の回数は昨年をはるかに超えた。長崎市がこの十一年にわたって行ってきた百八十八回の核実験への抗議は、完全に踏みにじられてきた。

核保有国は、戦争抑止力という名のもとに、核武装の強化をはかりつつある。いま、この危険な方向を転換しない限り、地球上に真の平和と繁栄はあり得ないことを確信する。世界に蓄積された膨大な核兵器は人類を幾たびも絶滅させ得る量に達しており、技術的、管理的ミスによる核戦争偶発の危険性も強まっている。

人類は、滅亡の道を歩もうというのか。

時は迫っている。

世界の良心はいまこそ、ナガサキの声に耳を傾け、英知に目覚め、核兵器の廃絶と戦争の完全放棄を実現するために、行動と実践に立ち上がらなければならない。

被爆体験の継承は、長崎・広島両市民にとどまらず、国民の、いな全人類の課題として協力に推進すべきである。

いまや、真の平和の実現のため、人々は国境を越え、信教・信条を越えて、必死の努力を払っていくべきときである。

われわれは、ここに、日本国政府が核兵器の完全禁止と全面軍縮への決意を新たにし、国家補償の精神に基づき被爆者援護対策の確立をはかるよう強く訴える。

ここに、原爆犠牲者のごめい福を祈り、核兵器の廃絶と世界恒久平和の実現に向かって直進することを、全市民の名において内外に宣言する。

＊

〈長崎新聞8月9日付夕刊一面の見出し〉体験の継承が全人類の課題／35回目の長崎原爆の日／「核」廃絶世界にとどけ／爆心の丘で平和祈念式典

昭和54（1979）年　通算31回目

きょう八月九日。長崎市民にとって忘れ得ぬ日である。深い悲しみと、耐え難い痛恨の日が三十四度めぐり来たった。

この日、われらの町「長崎」は、一瞬にして凄惨《せいさん》な廃墟《はいきょ》と化し、七万有余の尊い生命が奪われた。その惨状は、今もなお、われわれの脳裏を去らない。

歳月は流れてすでに三分の一世紀。生存被爆者は、今もなお病床に呻吟《しんぎん》し、しのび寄る原爆障害の毒牙におののく者は、後を絶たない。その肉体的、精神的苦しみを直視するとき、万感胸を打つ。

原爆の恐るべき惨禍を体験した長崎市民は、原子爆弾が、残虐非道な兵器というに留どまらず、放射能の異常な拡散は、地球上にやがては人間の生存をも許さなくなることを知った。

しかるに、近時、核兵器は質量ともに発達を遂げ、その保有国も漸次その数を増し、核実験はますます盛んになってきた。真に憂慮に耐えない。

かかる現実の中にあって、長崎市民が「核兵器の廃絶」「戦争の完全放棄」を強く叫び続けるゆえんのものは、世紀の危機を自覚し、人類の自滅を回避して、共存共栄の世界恒久平和の創造をこい願うためであり、再び「あの日のナガサキ」を地球上に再現してはならないという、長崎市民の心の発露からである。

今日まで、無差別に、大量の人間を殺傷した原子爆弾投下の責任は何故不問に付されてきたのか。われわれは、今もなお心からの憤りを覚える。

高齢化してゆく被爆者の悲痛な訴え、広範な大衆の平和への悲願は、常にイデオロギーに左右され、とかく軽視されてきた。三十四年の歳月は原爆の残酷さ、悲惨さ、その傷痕を風化させつつある。

長崎と広島が有する原爆体験の意義は、極めて大きい。われわれは原爆体験を次の世代を担う若者たちに語り継ぎ、恒久平和の確立のため、決意を新たにして一層の努力を傾注しなければならない。

昨年の国連軍縮特別総会、今年の米ソ両国の第二次戦略核兵器制限交渉の合意など、一連の国際的努力は平和への光明であるが、核兵器の禁止、軍縮の推進は平和国家としてのわが国外交の中心的課題でなければならない。今こそ日本国政府は平和の先駆者として国際的努力を主導的立場で推進し、内にあっては被爆者への援護の手厚い施策を早急に講ずべきである。

ここに、原爆犠牲者の冥福を祈り、被爆者の健康を願い、世界恒久平和の実現に渾身《こんしん》の力を傾けることを、被爆者並びに市民の名において、内外に宣言する。

＊

〈長崎新聞8月9日付夕刊一面の見出し〉 次代への継承、決意新た／児童、生徒も初参列 長崎原爆34周年／市長平和宣言 投下責任、鋭く問う／祈念式典

第4章
平和宣言

諸谷義武市長
（1978～1967年）

平和宣言を読む諸谷氏（1967年８月９日＝長崎市提供）

昭和53（1978）通算30回目

あの忌わしい原爆の洗礼を受けてから、今日ここに三十三年目を迎えた。

身をもって惨禍を体験した我々被爆市民は全世界に向かって核兵器の廃絶と世界の恒久平和の実現を訴え続けてきた。

しかるに、世界の現状は我々の願いにもかかわらず核軍備競争を更《さら》に激化させ、国際間の対立と紛争は絶えず、今なお地球上から戦争の影をぬぐい去ることはできない。

今更ながら、世界平和の維持の困難を思い知らされると同時に誠に遺憾にたえない。

原爆によってもたらされる死の恐怖は、長崎・広島の被爆者のみが知っている。その原爆を上回る核兵器の脅威を思うとき、我々は地球上にその存在を許してはならない。

この度、国連史上初めての軍縮総会が開催されたが、襲いくる核戦争の危機に、漸《ようや》く世界各国が目覚めたものと考える。日本政府は、この軍縮総会において、核兵器廃絶を前提として核保有国の責任を追及し、包括的核実験の禁止・通常兵器の国際移転制限・軍事費の削減などを主張し、世界平和へ向けての提案がなされた。

私は、一昨年に引続き、再度広島市長とともに被爆者を代表してニューヨークに赴き、この国連軍縮総会に出席し、また幾多の障害を克服して国連本部内で原爆の悲惨さを示す写真展を開催するなど、世界の恒久平和を実現するよう強くアピールしてきた。

また、我が国を初め、世界各国からの平和を希求する民間代表団は、国連に結集して核兵器廃絶と全面軍縮に向けて行動した。

今回のこれらの行動は、世界の良心を呼び起こし、新しい世界平和への胎動が始まったものと信ずる。

国連軍縮総会が、このような国際世論をふまえて、複雑な国際情勢の中で、軍縮への意思、方向を確認し得ることができたことは世界平和に一脈の光明を見出した思いで、被爆者として喜びとするところである。

世界各国の指導者は、このことを十分に認識し、戦争による人類自滅の危機を回避すべく、核兵器の廃絶のみならず、一切の軍備の縮小に向かって直ちに立ち上がるべきである。

ここに、原爆犠牲者慰霊平和祈念式典を迎えるに当たり、殉難者の御冥福を祈り生き残った被爆者の援護が国家補償の域にまで高められるよう一層の推進を図るとともに、決意を新たにして世界平和のために努力することを、長崎市民の名において世界に宣言する。

＊

〈長崎新聞8月9日付夕刊一面の見出し〉世界へとどけ 平和の叫び／長崎原爆33周年／核廃絶―決意新たに祈念式典／全面軍縮の実現を／高らかに平和宣言

昭和52（1977）年　通算29回目

長崎市は、今ここに三十二回目の原爆被爆の日を迎えた。

あの日、一発の原子爆弾によって、我が美しき長崎の街は瞬時にして焦土と化し、数万の尊い生命が失われた。

辛うじて生き残った者も、今なお、その恐ろしい傷跡を見つめ、原爆後遺症に苦しみ、襲いくる死の不安におびやかされている。

原爆の惨禍を身をもって体験した長崎市民は、核廃絶の願いをこめて、地球上に再びこの悲劇を繰り返すことのないよう、全世界の人々に訴え続けてきた。

しかし、世界の現状を見るに、核保有国は増加し、自国の防衛と安全とを口実に依然として巨大な量の核兵器を蓄積し、さらに新型兵器の開発を競うなど、平和崩壊の危機が増大しつつあることは、まことに遺憾である。

これはまさに人類を破滅に導く愚かな行為であり、被爆市民として怒りをもって抗議するとともに、世界各国の合意に基づいてこれらの行為を即時に停止し、一日も早く平和への願いが実現することを切望するものである。

私は、昨年十一月広島市長とともに、国際連合本部に赴き、被爆市民の体験と、原爆の非人道性を世界の諸国に訴え、核兵器廃絶と全面軍縮について具体的措置がとられるよう強く要請してきた。

この長崎、広島市民の熱意に応えて、本式典にアメラシンゲ国際連合総会議長閣下及びワルトハイム国際連合事務総長閣下代理としてマイケル・クラーク国際連合広報センター所長の御来臨を頂いたことは、まさに画期的なことであり感激に堪えない。初めてここに国際連合代表の本式典参加が実現したことは、国際連合が核兵器廃絶と全面軍縮の実現に向って大きく前進したものと受け止め大いに意を強くする次第である。

世界平和への道のりはなお遠いが、長崎市民の平和に対する願いは、かならずや世界の人々の良心を動かし、この地球上に平和が招来されるであることを確信する。

ここに原爆犠牲者慰霊平和祈念式典を迎えるに当り、原爆死没者の御冥福を祈り、被爆者の援護強化をめざすとともに、世界平和達成のため、さらに決意を新たにして努力することを、長崎市民の名において宣言する。

＊

〈長崎新聞8月9日付夕刊一面の見出し〉核廃絶こそ平和への道／長崎原爆33回忌／祈念式典に初の国連代表／全面軍縮の実現を／決意新た、世界に宣言

昭和51（1976）年　通算28回目

長崎市は、本日、ここに第三十一回目の原爆被爆の日を迎えた。あの日、八月九日、一発の原子爆弾は一瞬にしてこの街を地獄図絵と化し、父を母を肉親を、愛する人々の数々を、見るも無残な姿で奪い尽くした。

漸《ようや》くにして生き延びるを得た者も、今なお放射能の黒い影におびやかされ、未知の不安に曝されている。

自ら被爆し、阿鼻叫喚《あびきょうかん》の中を生きたわれわれ長崎市民は、原爆の恐怖、その非人道性を身をもって体験した。人間の歴史の上に再び、この惨禍を繰り返してはならない。この願いは被爆市民としての、人間としての、ぎりぎりの悲願であり三十一年間、血の叫びとして、核実験の禁

止、核兵器の廃絶を叫び、世界恒久の平和を訴え続けてきた。これは、まさにわれわれ長崎市民の全人類に対する責務であり、使命であると確信する。

しかるに、世界の現状を見るに、われわれのこの平和への願いに反して、現実はあまりにも厳しい。国と国との紛争は未《いま》だにあとを絶たず、絶えず人心をおびやかし続けている。

今日、地球上に貯《たくわ》えられている核兵器は、質・量ともに驚くべきものがある。この核兵器は、地球上の全人類を何回も何回もみな殺しにしてなお余りがある。しかもなお、核兵器は、造り続けられ、核実験は繰り返されている。この一年間に行われた核実験は、二十七回にも達する。この実験の強行は核戦争の危機を増大させ、人類を絶滅へ導くものとして極めて遺憾である。われわれは被爆市民の名において、関係諸国に対し、怒りをこめて抗議し、警告してきた。

なお、核保有諸国にあっては、人類の繁栄と幸福という共通の目標に向かって、今後一切の核実験を中止するとともに核兵器廃絶のため国際協定の締結が実現するよう、勇気ある決断を強く要請する。

政府は先に核兵器不拡散条約の批准を行い、核武装の放棄をあらためて内外に表明した。わが国の非核政策を国際的に主張できる基礎ができたことは、大きな前進であり、今後、わが国の核軍縮に関する積極的な努力を期待する。また、漸《ようや》くその兆《きざし》が見え始めた核兵器禁止の声が、やがて核兵器廃絶の世界的な国際世論にまで高められ、大きな輪となって地球上に満ち溢《あふ》れることを切望する。

思うに、人間は遠い過去から現在に至るまで、常に平和を望みながらも、幾度となく悲惨な殺し合いを演じてきた。この空しい繰り返しは、今やわれわれ人間の英知と良心とによって絶たれねばならない。人間の心の中に育まれる人間尊重の精神こそが平和を築く力の原点であることに思いをいたし、国境を越え、民族国家を超越して、全世界の一人一人の心の中に「平和のとりで」が築かれねばならない。人類絶滅兵器である原爆が発明され、製造され、使用され、その惨《ざん》虐《ぎゃく》性が明らかになった以上、もはや絶対に戦争はすべきではない。

去る四月、パリのユネスコ本部において日本文化祭が行われたのを機会に、この長崎市民の悲願を訴えるべく原爆資料の展示を行うとともに被爆天使の像を送って長崎市民の平和への祈りの証《あかし》とした。

また、近く広島市長とともにニューヨークの国連本部を訪れ、被爆市民の深刻な体験と原爆の非人道性を訴えるとともに、核の廃絶と世界の恒久平和のため、国際的な措置がとられるよう要請する所存である。

本日、原爆犠牲者慰霊平和祈念式典に当り、あの劫火《ごうか》に焼き尽くされた人々の冥福を祈り、生き残った人々の援護が国家補償の域にまで高められるよう、被爆者援護のいっそうの推進に努力することを誓うとともに、全市民あいともに力を結集し人類永遠の平和確立のため、さらに決意をあらたにして力強く邁進《まいしん》することを、ここに宣言する。

＊

〈長崎新聞8月9日付夕刊一面の見出し〉浦上の丘にナガサキの祈り／原爆31周年／初参列の首相　慰霊の供花／核廃絶を、平和を─／誓い新たに力強く宣言

昭和50（１９７５）年　通算27回目

われわれ長崎市民は、今、ここに、原爆被爆三十周年を迎えた。

昭和二十年八月九日午前十一時二分。

人類史上、かつて見たことのない原子爆弾の惨禍を、身をもって体験した長崎市民は、「平和は長崎から」を市民の悲願として、核兵器の廃絶と、核実験の全面禁止を叫び、人類永遠の平和を、広く、全世界に訴えつづけてきた。

あの日から三十年。

国際社会の現実は、あまりにもきびしく、平和を願うわれわれ被爆市民の悲願は、常に踏みにじられてきた。

核大国による核実験は、繰返し強行され、日増しに激化する核軍備競争は、核拡散に拍車をかけている。

今や、世界の核保有量は、地球上の人類を幾度となく全滅させることができるものであり、核戦争による人類破滅の危険が増大しつつある今日、人類は、繁栄と幸福の道をえらぶか、全滅の道をえらぶか、その選択を迫られているのである。

われわれ長崎市民は、今こそ、総決起し、核兵器による惨苦の経験者として、「人類が存続するためには、核兵器は勿論《もちろん》、戦争そのものを廃絶しなければならない」ことを強く全人類に訴え、世界平和実現のため、特別の使命を果たすべきであると考える。

平和は、人間の心の中にはぐくまれるものである。

われわれは率直に思う。

あの日の、あの悲しみと苦しみを、そして、今なお、後障害に苦悩する被爆者の心情を、そのまま、ありのままに、世界のすべての人々が知ったとき、核は廃絶され、平和な社会が実現すると確信する。

今年八月五日、被爆三十周年を契機として、世界で唯二《ただ》つの被爆都市、広島市と長崎市の間で、「平和文化都市提携」が実現したことは、この意味で、極めて意義深いものがある。

お互いに、協力一致。被爆都市としての使命を果たしていかねばならない。

今年は、特に、海外原爆展もアメリカで実現し、新聞やテレビにより、全米に対し、原爆の悲惨と、世界の恒久平和実現を直接訴えることができた。この波紋が、やがて、次の波紋を呼び、大きな輪となって、世界の人の心の中に浸透し平和希求への限りない運動として発展していくことを心から念じている。

本日、原爆犠牲者慰霊平和祈念式典にあたり、心から殉難者の冥福を祈り、被爆者援護の一層の前進に努力することを誓うとともに、広島市との連携を深め、全市民うって一丸となり、人類永遠の平和確立のため、更《さら》に決意を新たにして、力強く邁進《まいしん》することを、ここに宣言する。

＊

〈長崎新聞８月９日付夕刊一面の見出し〉世界に向け「平和宣言」／長崎原爆 30周年／浦上の丘で記念式典／今こそ核廃絶を／運命の11時２分 全市民が黙祷

昭和49（1974）年　通算26回目

長崎市は、本日八月九日、被爆二十九回目の運命の日を迎えた。

原爆の惨苦を身をもって体験した長崎市民は、真夏の空に紅《あか》く映ゆる夾竹桃《きょうちくとう》の花の色にも、あの日の血の色を感じ、亡き父母を、吾が子を、肉親を思いおこし、核兵器の恐怖と、はげしい怒りにふるえている。

核兵器を廃絶せよ。

核実験を全面禁止せよ。

われわれ四十四万長崎市民は、被爆市民の血の叫びとして全世界に訴え続けてきた。

しかるに、長崎市民の願いは無視され、核実験に対するはげしい世論の高まる中で、相次いで核実験は強行されている。

許しがたい行為である。

核の現実は、明らかに平和を求める国際世論に逆行している。

核実験は、最近、ますますその回数を増し、その貯蔵量は増大し、更《さら》にまた、われわれの悲願に反し、核開発をめぐる諸国の動きなど、核保有国は拡大の一途をたどり、限りない核の拡散は、今や、世界に新たなる緊張と恐怖を刻々と高めつつある。

核兵器使用は人類自滅への道である。

今こそ核保有国は勿論《もちろん》、全世界の国々が人類の英知を結集、世界平和の理念に立脚し、核兵器の使用、実験、製造、貯蔵の完全なる廃絶のため、いかにあるべきかを行動で示すべき時である。

本日、被爆二十九周年の原爆犠牲者慰霊平和祈念式典を実施するにあたり、心から原爆殉難者のごめい福をお祈りするとともに、謹んで御霊《みたま》に申し上げる。

長崎市は、最近における度重なる核実験に抗議するため、このたび、核実験抗議団を編成し、核保有国政府に対し長崎市民の悲願を直接行動で訴えた。

われわれ長崎市民は、皆様のご遺志を体し、一致団結、もって被爆者援護の一層の充実を期するとともに、すべての核実験の即時停止と恒久平和の実現のため、挺身《ていしん》することを誓いここにこれを全世界に宣言する。

＊

〈長崎新聞8月9日付夕刊一面の見出し〉怒り込め「長崎宣言」／涙新たに被爆29周年／核拡散即時やめよ―

昭和48（1973）年　通算25回目

顧みれば、昭和二十年八月九日。

長崎に原子爆弾が投下されてから、二十八年が過ぎた。

あの日、多くの生命が一瞬にして奪われ、目を覆う惨禍の跡は、今なお、人の心に、からだに、痛ましい原爆後遺症となって焼きついている。

人間の歴史に、かつてない残虐の殺りくをもたらした原爆。

長崎市民として、決して忘れることのできないその日を、今年もまた今日、ここに迎えた。当時の惨状に思いをいたす時、あらたなる憤りと言いようのない悲しみを覚える。

理由のいかんを問わず、人類自滅へつながる原水爆は、廃絶しなければならない。長崎市民は原爆の被災者であり、核兵器の残酷さを肌で知っている。それだけに「平和はナガサキから」を市民の悲願として、核兵器の絶滅と、人類永遠の平和を、広く全世界に訴え続けてきたのである。

科学技術の目覚しい進歩発達は、現代社会の繁栄の原動力となっているが、一面において、核兵器を頂点とする軍備拡張の推進力ともなっている。一歩誤ると、遂には、人間が人間を破壊し、絶滅へ追いこむ危険性があることを疑わない。

日中国交の正常化、ベトナム和平協定の締結等国際情勢は、いくらか雪解けの機運にあるとはいえ、なお、いまだに、ごく最近においてすら、核実験が行われている。われわれの切実な抗議や世界の多くの国々からの中止の要請があるにもかかわらず、それは無視され、強行されている。人間、だれしもが願う平和への悲願をふみにじるものとして、断じて許すことはできない。しかし、わたくしたちは、決してあきらめない。

われわれは、人間のもつはかり知れない英智と、平和を愛する心の深さを固く信じている。『戦争を二度と繰り返してはならない』ということばの尊さを知るわれわれ長崎市民は、いつまでも、どこまでも、真に平和な人類社会の実現の日まで、人々の心に平和の砦《とりで》が築かれるまで、ねばり強く訴え努力していかなければならないことを痛感する。

ここに、原爆犠牲者慰霊平和祈念式典にあたり、心から殉難者の冥福を祈り、被爆者の援護にいっそうの努力を誓うとともに、四十三万長崎市民は全国民と共に手を携え、更《さら》に平和を愛する世界の人々と共に、平和のため、決意をあらたにして邁進《まいしん》することをここに宣言する。

＊

〈長崎新聞8月9日付夕刊一面の見出し〉世界に届け　平和宣言／長崎原爆28周年／核の恐怖絶滅誓う／浦上に涙

昭和47（1972）年　通算24回目

歳月はめぐって、ここに、二十七年目の運命の日、八月九日を迎えた。
あの日わが長崎市は、一瞬にして地獄のちまたと化し、七万有余の尊い生命を失った。かろうじて生き残った人々も、今日なお深刻な後遺症に悩み、あるいは突如として襲う原爆症の不安に脅かされ続けている。

原子爆弾の惨禍を身をもって体験したわが長崎市民は、戦争終結以来、世界の恒久平和を念願し、年ごとに世界の各国に向かって平和の実現を訴えつづけてきたが、今なお、地球上の一部で砲声がとどろき、殺りくが繰り返され、更《さら》には、核軍備の強化をきそって、人類自滅の方向に拍車をかけている感があることに、限りのない憤りと焦燥を覚えるものである。

宇宙開発の確実性が、ますますその度を加えつつある今日、地球上の同じ人間と人間が、憎しみ合い殺し合うことのむなしさ、そして人知の限りを尽くしてつくりあげた科学技術が、その人間を大量に殺りくし、瞬時にして、すべてのものを破壊し尽くす残忍な凶器と化することの恐ろしさに、あらためて眼を開くべき時である。

得ることなく、失うことのみが多い戦争に対する反省は、必ずや人間の英知と努力によって実を結ぶことを確信するものである。

かかるが故に、毎年毎年、平和の叫びを繰返し続けてきたが、ここに二十七回目の原爆被災の日を迎えるにあたり、更《さら》に思いを新たにして原爆爆死者のめい福を祈り、被爆者の援護に一段と努力をいたす決意を強くするとともに、原爆被爆都市の市長という使命感に立ち、四十三万市民とともに、全世界に向かって世界平和旬間の実現を提唱し、人類の恒久平和を強く強く訴えるものである。

全市民は腕を組み、スクラムを組んで、その実現のために力強い行進を踏み出していることを、ここに宣言する。

＊

〈長崎新聞8月9日付夕刊一面の見出し〉 ここに「ナガサキの誓い」／27周年の祈念式／〝惨禍〟再び許すな／全世界へ力強く宣言

昭和46（1971）年　通算23回目

歳月はめぐって、また、ここに、八月九日を迎えた。あの日、あの時から数えて二十有六年。しかし、年々、心を新たにし、決意を新たにして迎える、今日の八月九日である。

浦上原頭上空にさく裂した一発の原子爆弾は、人と人とが憎しみ合い、殺し合う戦争の残酷さ、非情さの極地を人類に示し、これが第二次大戦を終結させる直接の原因とはなったが、しかし、今なお、地球上のどこかで砲声がとどろき、殺りくが繰り返されていることは、まことに遺憾のきわみである。

わが、長崎市においては、あの日、一瞬にして、七万余の尊い生命が奪われた。かろうじて、その災禍をまぬがれた人も、放射能に起因する病魔や、死の黒い影におびえながら来る年、来る年の八月九日を迎え、そして送ってきた。昨年の今日この日を迎えた人ですでに亡き数に入った人も多い。あれを思いこれを考える時に、二度とこの悲惨さが繰り返されないよう、世界に向って、恒久平和を力強く訴えるのは、わが長崎市民の義務であり使命でなければならない。

原子爆弾、水素爆弾をつくり出した科学技術は、たとえそれが前人未踏のすぐれたものであったとしても、そこには人間への愛情が欠除し、ただ、有るものは、平和と幸福に対する反逆や、核兵器を絶滅し世界の平和を実現し得ることを堅く信じ、心から期待するものである。

ここに、原爆殉難者のめい福を祈り、被爆者の援護にいっそうの努力をいたす決意を強くするとともに、全市民と手を携えて、世界の恒久平和のため力強くまい進することを宣言する。


〈長崎新聞8月9日付夕刊一面の見出し〉長崎原爆の日／祈る〝浦上の丘〟／あの悲惨、二度と許すな／世界に響け平和の誓い

＊

昭和45（1970）年　通算22回目

一九七〇年のきょう、長崎市は被爆二十五周年を迎えた。

今や原爆の地は緑の陰こゆき新しい都市となりつつあるが、一瞬にしてこの地をしゃく熱の地獄に変え、数万の尊い市民の生命を奪ったあの日の惨禍は今なお病床に苦しみつつある多くの人たちや、いつ消えるとも知れぬわが身の不安の中に、その傷跡をさらしている。

また世界のすう勢は核兵器を中心とする強大な武力の上に相対し、戦火のたえまないことは、まことに遺憾にたえない。しかも核兵器はより新しく、より強力なものとなり、もし再びこれが

使用されるとすれば、そのまま人類滅亡の道につながることは明らかである。

われわれは多くの尊い犠牲を払い、歴史上かってなかった原爆の体験を持つがゆえに核兵器の完全廃止と世界の平和を強く強く訴えてきた。一方、本年わが国では日本万国博覧会が開始され、その課題が「人類の進歩と調和」ということでも明らかにこの点を指摘しているものと思われる。

被爆後四分の一世紀という年月の流れの中に原爆の恐怖がしだいに薄れようとしている危機に直面している今、長崎市民のあの悲惨な体験を世界の人々の心のすみずみまで認識させることがいかに必要であるかを今ほど痛感するときはない。

ここに原爆殉難者のめい福を祈るとともにわれわれ長崎市民は決意を新たにして全国民と手を携え、さらに広く強い世論を背景として人類永遠の平和確立のために休むことなく力強くまい進することを全世界に宣言する。

＊

〈長崎新聞8月10日付朝刊一面の見出し〉 永遠の平和へ力強く／長崎 25回目の記念式典

昭和44（1969）年　通算21回目

思えば二十四年前、ここ浦上原頭にさく裂した一発の原子爆弾は、瞬時にして荒涼たる廃墟《はいきょ》を現出し、数万の尊い人命を奪い去った。

幸にして生命をながらえた人々も原爆症に苦しみ、或《ある》いはいつ襲われるとも知れない原爆病の黒い影に日夜おびえながら、年々この原爆祈念日を迎え、或《ある》いはそれをまたずしてこの世を去っていった。

長崎市民は原爆の悲劇を身をもって体験したがゆえに、原水爆の禁止と世界の平和を強く強く訴えてきた。

しかし世界の情勢はわれわれの悲劇とうらはらに、核兵器の拡散がうかがわれ、地球上のどこかで砲火や銃声の絶ゆる日がない。

一方宇宙開発の進歩は、人類の夢とされた月世界への着陸を実現した。それは人間の崇高な英知の発現であり真理探究の賜物《たまもの》である。

われわれの知性は人間の滅亡へのみちを選ぶに非《あら》ずして、人類永遠の平和と繁栄へのみちを選ぶためにこそ真理探究の努力を傾注させなければならないことを今ほど痛感するときはない。

本日の原爆犠牲者慰霊並びに平和祈念式典にあたり、殉難者のめい福を祈り、かつ、被爆者の援護に万全を期する決意を新たにすると共に、全市民と手を携えて世界の恒久平和確立に向って更《さら》に力強くまい進せんことをここに宣言する。

＊

〈長崎新聞8月9日付夕刊一面の見出し〉世界平和に手を携えて／誓い新たに〝宣言〟／長崎 24回目の祈念式典

◇仏、水爆実験を再開／来年夏、太平洋地域で／憤り込めて抗議

昭和43(1968)年　通算20回目

戦争は人類にとって最大の悲劇である。

長崎市民は二十三年前、この浦上原頭に炸裂《さくれつ》した原子爆弾により十万の尊い人命を奪われ、且《か》つ現在もなお、放射能障害により多くの被爆者が、生命の不安にさいなまれている。

この悲惨事は、人類史上に一つの忌わしい汚点として永久に銘記されることを疑わない。

さりながら世界の核保有国は、核兵器のもたらす、人間殺傷の犠牲を知りつつも、その製造、実験を競い、力による制覇を企図しているかの如《ごと》き情勢を呈していることは、誠に痛恨に堪えな

いところである。

更《さら》に、現実の問題として、流血の惨事は局地的に行われており、人間相互の残虐的な殺傷を見聞するとき、胸のうづきを覚える。

われら被爆市民は、世界のすべての国とその国民に訴えたい。

「武力抗争の手段は直ちに放棄せよ」と。

長崎市民は、原爆の悲惨苦を身を以《もっ》て体験しているが故に戦争を否定し平和を希求する一念は極めて熾烈《しれつ》なものがある。

本日の原爆犠牲者慰霊並びに平和祈念式典に当り、殉難者の冥福を祈ると共に新たな決意を以《もっ》て全市民の正義と英智を結集し、世界平和の確立に向って、勇敢に邁進《まいしん》せんことをここに宣言する。

＊

〈長崎新聞8月9日付夕刊一面の見出し〉悲しみ越えて…新たな誓い　祈念式典／〝正義と英知の長崎に〟／全世界へ力強く宣言◇原爆の恐怖訴える／日本原水協

昭和42(1967)年　通算19回目

長崎市は本日、新たなる涙とともに原爆被災の悲しむべき日を迎えた。

この日、午前十一時二分、浦上上空にさく裂した強烈な爆発による惨状は筆舌に尽くしがたく、罪もない市民十万の尊い生命を絶った。

以来二十有二年、身をもってあの恐怖と惨禍にさいなまれた長崎市民は、巡りくる年毎に悲憤の情を深めて平和を乞い願い心からの祈りを、在天のみ霊に捧《ささ》げてきた。

さりながら、東西の相入れざる不和は果てしなく続けられて、民族間の流血の争いが繰り返され、あまつさえ、核保有国は、その製造と、実験を強行して戦力の誇示を競い、世界の危機感は更《さら》に増大しつつあって、つかの間の平安をも許されず、われらの悲願である人類の福祉と平和の確立とを著しく妨げている。

われら長崎市民は、あの悲惨な体験と今日に到るも更《さら》に続きつつある業苦から、いかなる戦争をも否定し、殺傷、破壊のための核兵器の製造、保有、実験には、強い怒りと憎しみとを覚える。

恒久平和実現への、われらの悲願達成への道、いまだ遠しといえども、われらは世界人類のえい智を信ずるが故に、原爆被災者の悲惨さを体してくじけることなく、たゆむことなく、これが具現に渾身《こんしん》の努力を捧《ささ》げることをここに誓う。

＊

〈長崎新聞8月9日付夕刊一面の見出し〉長崎に響く鎮魂の鐘／高らかに「平和宣言」／11時2分　全市民、誓いも新た◇約二万人が参加／二つの原水禁大会始まる

第5章
平和宣言

田川務市長
（1966～1951年）

平和宣言を読む田川氏（1955年８月９日＝長崎市提供）

昭和41（1966）年　通算18回目

長崎市は、本日原爆被災二十一周年を迎えた。

午前十一時二分、全市民は瞬時にして尊い生命を絶たれた無こ十万の、在天のみ霊に、敬虔《けいけん》な祈りを捧《ささ》げた。

原爆の惨禍にさいなまれ、身をもってその恐怖、悲惨さを体験したわれら長崎市民は、世界の恒久平和を念願し、常にその実現を訴え続けて来た。

しかるに、民族相克、流血の惨事は絶えることなく繰り返され、あまつさえ原水爆所持国は、その大量保有と威力実験を競い、偸安《とうあん》をさえ許さず常に人類の平穏と平和の確立を著しく妨げている。

われらは、世界の人々がひとしく幸福を享有するの権利を尊重するが故に、この地上に、真の平和な社会の実現が、速やかに達成されることを強く希求してやまない。

われらは、また、絶えずその具現に努力を重ねることを誓う。

＊

〈長崎新聞8月9日付夕刊一面の見出し〉長崎から永遠の平和を／平和祈念式典で宣言／はばたく二百羽の使者◇

あらゆる兵器を使う／マ米長官 日本防衛で言明

昭和40（1965）年　通算17回目

長崎は、本日原爆被災二十周年にあたる。

全市民は、一瞬にして生命を絶たれた無こ十万の在天のみ霊に敬謙な祈りを捧《ささ》げた。

原爆の惨禍を身をもって体験したわれら長崎市民は、世界の恒久平和を念願し、常にその実現を訴え続けてきた。

しかるに国際社会の情勢は、日々深刻の度を加え、原水爆の製造とその保有量の増大を競い、世の平穏を脅かしている。また民族相克、流血の惨事は、いまなお繰り返され、平和の確立は著しく妨げられている。

われらは、世界の人々がひとしく平和のうちに生存し得るの権利を尊重し、この地上に真の平和な社会の実現が、速かに達成されることを希求して止まない。

われらは、また、絶えずその努力を重ねることを誓う。

＊

〈長崎新聞8月9日付夕刊一面の見出し〉長崎の願い〝永遠の平和を〟／あらゆる戦争なくせ／浦上で平和祈念式典／田川市長が力強く宣言◇重病者は寝たままで／原爆病院 犠牲者の冥福祈る

昭和39（1964）年　通算16回目

昭和二十年八月九日、わが長崎に運命の原爆が投下されていらいここに十九年。

われら長崎市民は、身をもって体験した惨禍が再び人類史上に繰り返されざることを念願し、世界恒久平和達成への祈りを捧《ささ》げて、これを全世界に強く訴え続けて来た。

このわれらの切なる願いは、昨年八月五日、英、米、ソ三国間に締結せられた部分的核実験停止条約によりその曙光《しょこう》が見出されつつある。

さりながら、世界の情勢は砲煙いまなおそのあとを絶たず、困ぱいその極にある国々と、核兵器の製造、所有に全力を傾けてその優位性を誇示せんとする国々とがあり、一触即発の危機さらに迫るの感を深くする実情にある。

われら長崎市民は、えい智と正義と愛とが人類に与えられた総《すべ》てのものであることを固く信ずるがゆえに、世界の良識と人道の名においていっさいの戦争この地上より排除して、諸国家が融和協調することを切望する。

原爆投下満十九年の今日この時、われら四十万長崎市民は、決意を新たにして世界恒久平和達成のため、一意挺身《ていしん》せんことを在天のみ霊に誓い、これを全世界に宣言する。

＊

〈長崎新聞８月10日付朝刊一面の見出し〉19たび迎えた原爆の日／平和への祈りこめ／祈念式典に一万人集う／11時２分　市民も黙とう◇〝許すまじ〟合唱は一つだが…／長崎で二つの原水禁大会／核停条約の前進へ／分裂策動はね返す

昭和38（１９６３）年　通算15回目

昭和二十年八月九日午前十一時二分、この地上空に炸裂《さくれつ》した原子爆弾は瞬時にしてわが長崎を瓦礫《がれき》焦土、阿鼻《あび》叫喚《きょうかん》の巷と化し、数多くの市民を殺傷した。

爾来《じらい》十有八年、わが長崎市民は、平和の使徒として、自ら起って、この惨禍が再び地上に繰返されないよう、全世界に訴え、世界恒久平和の実現を祈念し続けて来た。

巡り来たこの日、この時、思い出も新たに、ここに無辜《むこ》十万死没者のみ霊を祀《まつ》り、その冥福を祈るとともに、人類の英知が宇宙開発をも着々と進めつつある今日、この英知と勇気と決断が、平和社会建設のためにのみ払われることを強く世界に訴えるものである。

原爆の悲惨を身をもって体験したわが長崎市民は、更《さら》に決意を新たにして世界恒久平和達成のため、苦難を乗り越えて前進し続けることをみ霊に誓い、これを世界に宣言する。

＊

〈長崎新聞8月9日付夕刊一面の見出し〉風雨ついて平和への祈り／祈念式典に二千人／国際文化会館　18回目の原爆慰霊祭／高らかに「平和宣言」田川市長

昭和37(1962)年　通算14回目

長崎市に原爆が投下されて以来十七か年、われら長崎市民は、平和推進の使徒たらんとして、ひたすら世界恒久平和実現の祈りをささげ諸国民にそれを訴え続けてきたのである。しかるに期待に反し、流血の惨、世界の各地にそのあとを絶たず、またしきりに核兵器の増強を伝え、人類の危機感が醸成されつつあることは、まことに遺憾に堪えない。

長崎市民は自ら体験した原爆の威力とその被害と悲惨、きょうに続く業苦にかんがみ、人道の名において原水爆の廃棄を強く訴え、更《さら》に一切の戦争をこの地上より排除すべく、諸国家が融和、協調することを切願する。

長崎市民は、えい知と正義と愛とが変わりなく人類総《すべ》てのものであることを信じ、世界恒久平和の実現のため新たなる決意を固め、一意てい身することを誓う。

ここにこれを宣言する。

〈長崎新聞8月9日付夕刊一面の見出し〉世界に響け〝平和の鐘〟／悲涙も新た11時2分／全市民 けいけんな祈り

＊

昭和36（1961）年　通算13回目

昭和二十年八月九日午前十一時二分

この日この時、私ども長崎市民は、原爆の一閃《いっせん》により煉獄《れんごく》の惨苦にさいなまれた。

爾来《じらい》十有六年、今もなお眼を覆う当時の惨状は脳裡《のうり》に刻まれて去らず。哀傷悲痛の念を絶つことができない。

ここに、無辜《むこ》十万死没者の霊をまつり、その冥福を祈るとともに、平和を希《こいねが》うことが人類普遍の姿であることに念をいたし、戦争の惨禍を避け、特に核兵器の製造、使用の絶対禁止は原爆都市長崎市民の悲願である。

いまその実現を諸国民の良識に訴え、これを世界に宣言する。

＊

〈長崎新聞8月9日付夕刊一面の見出し〉平和宣言も力強く／鳴り渡るアンゼラスの鐘／原爆犠牲者慰霊 平和祈念式典◇平和宣言 核兵器の絶対禁止を

昭和35（1960）年　通算12回目

われわれ長崎市民は、十五年前の今日原爆の惨苦を身を持って体験した。

以来、人類の惨禍と破滅を招来する核兵器を廃止して、総《すべ》ての国家民族が友愛と信頼に基く世界平和の実現のためまい進すべきことを訴え続けてきたのである。

本日、原爆犠牲者慰霊並びに平和祈念式典に当り、われわれ長崎市民は、更《さら》に決意を新たにして世界恒久平和の達成に一層努力することを犠牲者の御霊《みたま》に誓い、これを世界に宣言する。

〈長崎新聞8月9日付夕刊一面の見出し〉十五たび迎えた〝十一時二分〟／祈念式典に五千人／〝原爆許さじ〟を宣言◇東京アピールを採択／原水禁世界大会閉幕

＊

昭和34（１９５９）年　通算11回目

原爆都市長崎市民のわれわれは原水爆がもたらす悲惨と業苦とに顧みて核兵器の威力が益々《ますます》増大しつつある今日、世界恒久平和の確立と人類福祉のため、ここに核兵器一切の廃止を更《さら》に繰返し全世界に訴えるものである。

私は人類の愛と正義と英智に信頼し、世界平和の推進に対する決意を被爆犠牲の精霊に誓い、これを世界に宣言する。

＊

〈長崎新聞8月10日付朝刊一面の見出し〉あなた達の死をムダにはせぬ／原爆犠牲者慰霊平和祈念式典

昭和33（1958）年　通算10回目

昭和二十年八月九日、十三年前の本日この刻、長崎市の原爆による惨禍は真に言語に絶したのである。

爾来《じらい》、惨苦と悲愁と廃墟《はいきょ》の中に呻吟《しんぎん》したわれら長崎市民は、起って、原水爆の犠牲よりすべての人類を救うため、核兵器の放棄と、正義と和解による世界秩序の確立を叫び続けてきたのである。

然《しか》るに今日、兵器としての威力増強のための核爆発実験は、その後を絶たず、地球上の大気と海水は放射能によって汚染され、人類の生存はおびやかされつつある。

私は被爆都市長崎市民として、全世界のあらゆる国家、あらゆる民族に対して核兵器の全面的廃止並びに核実験の即時停止を更《さら》に強く訴えるものである。

〝平和は長崎から〟われら長崎市民は、この聖にして崇高なる大旆《たいはい》をかざして、世界平和の確立に向ってさらに全力を尽し、世界恒久平和の先駆たることを茲《ここ》に宣言する。

＊

〈長崎新聞8月10日付朝刊一面の見出し〉 核兵器即時禁止／原爆長崎の誓い／祈念式で全世界に宣言

昭和32（１９５７）年　通算９回目

業苦と悲惨の洗礼を受けた長崎市民は、真の世界平和と人類愛を求めて、全世界人人《ママ》の良心に訴えつづけること十有二年、いまや世界の人人《ママ》の良識と正義は原水爆禁止と世界平和の確立に向って、高らかに炬火《きょか》をかかげて一歩一歩前進しつつある。

われら長崎市民は、ここに十二周年の原爆の日を迎え、世界秩序の確立、和解と信頼による恒久平和実現の聖なる使徒たらんとの素志を新たにするとともに崇高なる悲願達成のため、忍耐と勇気をもって、更《さら》に邁進《まいしん》せんことを固く誓うものである。

＊

〈長崎新聞8月10日付朝刊一面の見出し〉平和へ新たな誓い／原子野で厳粛な式典／悲劇くり返すまじ／涙の参拝、夜まで続く

昭和31（1956）年　通算8回目

業苦と悲惨を体験し平和の尊さを悟ったわれら長崎市民は、風霜ここに十一年、人類が自らの理性に目覚めて平和を持続し、しかもそれが恒久のものとなることを希求して来た。

本日、このとき原水爆禁止世界大会がわが長崎において開催され、高らかに平和に負う使命をかかげ、その実現の決意をひれきす。恒久平和の黎明《れいめい》将《まさ》に来たれりと、心気自らうちふるうを覚えるものである。

われら市民はここに素志を新たにして愛と倫理に基づく世界秩序の確立、和解と信頼による恒久平和の実現に邁進《まいしん》することを更《あらた》めて誓い、しか人類の英知と勇気と正義に訴えるものである。

ここに長崎市民の名において世界に宣言する。

＊

〈長崎新聞8月10日付朝刊一面の見出し〉 原水爆禁止叫ぶ〝世界の良心〟被爆地長崎で世界大会開く／戦争の危機を防げ／原爆乙女も涙の訴え

昭和30（１９５５）年　通算７回目

われら市民は、平和の先駆たることを決意して、風霜ここに十年、祈りかつ訴え、人類が、自らの英知に目覚めて、平和の尊さを真に知るときを待った。

今日このとき、人類を壊滅から救うため、原子兵器の放棄と戦争の禁止が世界の八代科学者によって提唱されたことは、まさに世界恒久平和黎明《れいめい》の訪れ近きを信ずる。われら市民は、原爆十周年の本日、素志を新たにして、倫理と愛に基く世界秩序の確立、和解による世界恒久平和の実現に邁進《まいしん》することを、原爆犠牲者十万の霊魂に誓い、かつ、人類の正義と理性に訴えるものである。

ここに長崎市民の名において世界に宣言する。

＊

〈長崎新聞8月10日付朝刊一面の見出し〉世界に訴える〝恒久平和〟／決意も新たに宣言／きのう長崎原爆十周年記念／原子野で平和祈念式典◇平和実現へ邁進 平和宣言

昭和29（1954）年　通算6回目

われ等《ら》長崎市民は九年前の今日、悲哀と業苦のうちにあって、平和の先駆たらんことを決意した。

爾来《じらい》ひたすら世界恒久平和実現のために身と心の限りをつくして来た。

しかるに国際間の軋轢《あつれき》は尚《なお》そのあとをたたず、不安と恐怖にさいなまれつつある。しかし、この切なる念願は人類総《すべ》ての心に通うものあるを疑わない。

世界の秩序と繁栄は正義と心理に基き、しかもそれは寛容と博愛と信頼によって培わるべきものであることを固く信ずる。

われ等《ら》は今日の平和祈念日に当って更《あら》めて世界に負うべき使命を認識し、愈々《いよいよ》決意を新たにして聖なる念願達成に邁進《まいしん》することを、ここに謹んで七万の英霊に誓い、世界に向かって宣言する。

＊

〈長崎新聞8月10日付朝刊一面の見出し〉原子野に舞う平和バト／しめやかに祈念式／七万のみ霊安かれ……／きのう原爆九周年　全市民が敬虔な祈り

昭和28（1953）年　通算5回目

私たち長崎市民は私達が身をもって体験した原爆の惨苦を、二度と再び地上の人類に繰り返させてはならない。

八年の間平和祈念日を迎えるたびに私達は地球上のありとあらゆる地域に住む人々にたいし、人類愛の尊さと、人の和の偉大さを強く訴え、かつ又《また》市民としての日常の営みの上にそれを実践してきた。

惟《おも》うに人間個々をつなぐ愛の芽生えなくては家庭、社会はもとより、国家世界の総《すべ》ての融和は達せられるものではない。

人間の善意と寛容と一人一人をつなぐ愛こそが一切の平和の基礎をなすものであることを固く信ずる。

私たち長崎市民は、本日の記念日にあたり、平和を愛する諸国民の公正と信義に依頼する覚悟を新たにし、全世界に正義と秩序とを基調とする永遠の平和が実現することを念願してこれからの市民生活の営みの上に一つ一つその実を積んでいくことを七万有余の精霊の前に誓うものである。

〈長崎新聞8月9日付朝刊一面の見出し〉原子野に平和の斉唱　きょう八周年／鳩も舞う供養絵巻／あの瞬間　午前11時2分 全市民が黙祷◇一人、一人を継ぐ愛／長崎市平和宣言

＊

昭和27（1952）年　通算4回目

今や世界は、冷たい戦争の様を呈し、再び戦争への不安感をつのらしているが、わが国は独立国として、平和憲法のもと、世界の恒久平和に貢献せんと決意している。わが長崎市民は原爆の悲惨苦を身を以《も》って体験し、原爆戦による惨禍が人類の一大破滅を招来することを恐れるが故に、原爆七周年の記念日を迎えて人類愛と文化の交流を基調とする国際親善をはかり、国際間の紛争防止に努め、以《も》って世界平和の悲願を達成せんことを全世界に向かって茲《ここ》に宣言する。

〈長崎新聞8月9日付朝刊一面の見出し〉原爆の地に燃え上る平和愛／涙の中に誓いも新た／昨夜 長崎市で平和祈念祭◇平和の悲願達成／田川市長 全世界に宣言

＊

昭和26（1951）年　通算3回目　（「平和推進市民大会」名による宣言）

われら日本民族は過去半世紀帝国主義的侵略を行い武力をもってアジアの隣国を侵してきたのであるが、近代兵器の最高峰、原子爆弾によって戦争は終止符をうたれたのであった。われら長崎市民は広島の同胞と共に、日本の犠牲となり、世界の試験台となったのである。

嗚呼《ああ》、恐ろしい想い出の日が六度巡ってきた。八月九日午前十一時二分、原子爆弾の一瞬によってわれわれの親兄弟妻子の尊い血潮がこの長崎の地を紅に染め上げた。

この尊い体験、あまりにも高価な犠牲の体験から今やわれわれは大胆素直に戦争絶対反対を叫び、平和日本憲法を守り、原子力を平和の手にする猛運動を巻き起こし、人類の平和維持のために闘はんとするものである。

平和はあくまでも平和的手段によってのみ生れ出る。

この故われわれは相対立する国家群をはじめ、何《いず》れの国々とも友好関係を促進し、一方的講和条約をしりぞけすべての交戦国と等しく和解の講和を締結し、恒久平和を推進していかねばならない。

原爆の地長崎より平和を絶叫するわれわれの雄叫《おたけ》びは必ず大きな流れとなり日本のみならず世界各国のすみずみまで流れほとばしるであろう。

ここにわれわれは再びあのいまわしい八月九日の惨状を再現させないために平和を祈念するあらゆる民主的諸団体ならびに宗教諸団体が相提携し、世人の良心に訴え世論をかん起し、固い団結をもって二十五万市民が打って一丸となり、平和運動を推進し全人類の繁栄のために闘うことを宣言するものである。

＊

〈長崎新聞8月9日付朝刊一面の見出し〉 六度び回り来る原爆の日／午前11時2分全市民は敬虔な黙祷／逞しい建設の息吹き／地獄野既に八割が復興

第6章
平和宣言

大橋博市長
(1950〜1948年)

平和宣言を読む大橋氏(1949年8月6日=長崎市提供)

昭和25(1950)年

〈長崎市コメント〉平和宣言は行われておりません

〈長崎新聞8月10日付朝刊一面の見出し〉関連記事なし

昭和24(1949)年　通算2回目

長崎市は原子爆弾により世紀の戦争に終止符を打った世界戦史上明記されるべき都市である。長崎市民は、その悲惨苦を通じて戦争が全人類を破滅に導くことを信じ、長崎における原爆を最後として再び人類が戦争の脅威におののくことをなくし偉大なる原子力は世界平和のため人類の福祉に貢献せられんことを熱願するとともに、本日の祈念式典に当り国際文化の向上と恒久平和の理想達成を目的とする国際文化都市建設法の精神に則《のっと》り厳粛にして誠実なる世界平和の原動地として全世界に誇る文化と平和の象徴都市を建設せんことを宣言する。

＊

〈長崎新聞8月10日付朝刊一面の見出し〉夏草茂る原子野で／平和と再建の誓い／長崎文化祭盛大に挙行◇宣言

／世界平和の原動地　象徴都市建設せん

昭和23（1948）年　1回目（「市民代表」名による宣言）

わが長崎の地は、世界における原爆の基点として世界戦争に終止符を打った土地であって、この原爆の未曾有の惨禍を一転機として平和な明るい希望がもたらされた。

その意味から長崎は世界的な地位において最も印象の深い土地であり、アトム長崎を再び繰返すなと絶叫することによって、恒久的平和は確立するものと信じて疑わぬ。

我々は、この文化祭の式典に当って、ノーモア・ナガサキを力強く標ぼうし、広く世界に宣明せんことを期し、ここに宣言す。

＊

〈長崎新聞8月9日付朝刊一面の見出し〉きょう長崎原爆三周年／鳴らす平和の鐘／全世界に提唱者たれ

第7章
被爆地の核兵器廃絶研究とウクライナ危機

長崎大学核兵器廃絶研究センター（RECNA）センター長
吉田文彦

長崎市の「平和公園」祈りのゾーンにある浦上天主堂遺壁

長崎はわたしのルーツである。

長崎市で父は生まれ、小学校低学年まで育った。街中に居を構えていた祖父は、炭鉱関係の仕事に就いていた関係から、太平洋戦争が始まる前に祖母と父、叔母を連れて旧満州（現・中国東北部）へ渡っていた。

わたしの親類は今も長崎市に暮らす。

五歳の時だった。父と一緒に夜行列車に乗り、住まいのある関西から長崎へ向かった。一晩中、機関車の引く客車に揺られた。親類を訪ねるためだった。初めての長崎。記憶にあるのは、初めて見る親類の顔と平和公園に建立された平和祈念像である。その大きさにまず圧倒された。そして父に尋ねた。

「なぜ、こんなに大きいのがあるの」

平和祈念像の沿革と背景について、父と子でどんなやりとりをしたのかは定かではない。わたしの質問も、父の答えも、記憶のかなたでわずかに輪郭を示すだけである。それでも深い縁を感じるのは、わたしが生まれた1955年に平和祈念像が建立されたからであろう。像とわたしは偶然、同級生ということになる。

高さ約9・7メートル、重さ約30トンの青銅製。右手は原爆の脅威を示し、左手は平和を、顔は戦争犠牲者の冥福を祈る表情、とされる平和祈念像。

時を経るにつれて、「長崎」と「原爆」と「平和」がわたしの中で強く結びついていく。


忘れられない出来事がある。

いつだったか、原爆を特集した写真誌に目が釘づけになった。「おにぎりを持つ少年」と題する写真だった。長崎の被爆の実相を伝える写真家・山端庸介氏の一枚だ。包帯を頭に巻いた女性の脇でおにぎりを握る少年。女性は母親に違いない。防空頭巾をかぶった少年は、写真に出会った時のわたしといくつも変わらない年齢ではないだろうか。女性の目はうつろで生気がない。少年はカメラのレンズを見据えている。この人たちは何を見て何を聞いたのだろう。その後どうしたのだろう。「ひどい」という言葉しか、思い浮かばなかった。あの時の感情をわたしはずっと覚えている。

中学校に入って、職員室を訪ねるようになった。社会科の先生に親近感を覚え、質問をするのが楽しかった。

その日、先生はいつものように新聞を読んでいた。

「先生、どんなニュースを読んでいるのですか」

「アメリカとソ連が核兵器の軍縮交渉を始める。両国が持っている原爆の数を規制するためにね。新聞にはそう書かれている」

「どのくらいの数の原爆を両国は持っているのですか」

「何万発も持っているそうだ」

「何万発」という言葉を聞いて、わたしは動揺した。父の故郷である長崎の街を壊し焼け野原にしたのは、アメリカ軍が投下した一発の原爆だった。それが何万発もある。「正気ではない」と思った。

8月9日の長崎原爆の日。父と訪ねた平和公園で読み上げられる「平和宣言」の報道に、わたしは無関心ではいられなくなった。テレビで見て、新聞で読んだ。

被爆の実相に触れた原体験は、樹木が成長に合わせて根をひろげるように、わたしの中でしっかりと根張りしていった。「ひどい」「正気ではない」と心に刻印した原体験が、確実に成長していった。だからこそ思う。被爆の実相を知る扉は、わたしだけに開かれたのではなく、誰にでも開かれていると。

「長崎平和宣言」には二つの特徴がある。

平和祈念像の前で毎年８月９日、長崎市長が世界に向けて読み上げる平和宣言を「狭義」の平和宣言と呼ぶなら、８月９日にこだわらずに長崎市の被爆者や市民、研究者らが発する切迫した平和のメッセージは「広義」の平和宣言と呼べるだろう。前者は核廃絶のための所信表明であり、後者はそれを肉付けする個々の活動である。

そして「長崎平和宣言」には二つの使命がある。

一つは、１９４５年８月９日、長崎に何が起きたのかという被爆の実相を伝える使命を持っているということ。

もう一つは、核拡散防止条約（ＮＰＴ）や核兵器禁止条約の進展など、核をめぐる時事的な問題を関係づけて、核廃絶を訴える使命を担っていることである。核兵器に関連する市長コメントや長崎大学核兵器廃絶研究センターの記者会見も、これに当たる。

長崎市が繰り返し訴えてきた「長崎を人類最後の戦争被爆地に」というメッセージは、二つの使命を凝縮した表現である。これは、被爆地・広島市の訴えである「人類最初の戦争被爆地」と対で捉えることができる。広島市が掲げる「過ちは繰返しませぬから」は、「長崎を人類最後の戦争被爆地に」とぴったりと符合する。なぜなら、核戦争は二度とあってはいけないとする被爆者の切実な声がそこに刻み込まれているからである。

2022年は「核兵器をめぐる激動と不安の年」と後世に語り継がれることになるだろう。それについて概観し、考察してみよう。

1月3日、国連安保理常任理事国で核保有国の米国・英国・フランス・中国・ロシア5カ国の首脳が、「核戦争に勝者はおらず、決して戦ってはならないことを確認する」とする共同声明を発表した。

共同声明は▽軍事衝突や軍拡競争を防止するために2国間、多国間の外交活動を引き続き追求する▽核兵器が存在し続ける限り、防衛、侵略の抑止、戦争予防を目的とするべきである▽核兵器国間の戦争回避と戦略リスク軽減が最重要の責務であり、NPTで課された核軍縮交渉義務を守る――ことなどをうたっていた。

これによってNPT再検討会議で核軍縮は進むのか。それは核廃絶につながるのか。それとも、核軍拡を競う姿勢が厳しい批判の的になるのを見越して核保有5カ国がとった、苦し紛れのポーズにすぎないのか。

「核戦争に勝者はおらず、決して戦ってはならない」という共同声明の文言は、冷戦下の1985年にレーガン米大統領とソ連のゴルバチョフ書記長が核制限・削減の基本方針で合意した際に発表した共同声明と同じ表現である。米ソ首脳会談の後、核削減が進んだ歴史的経緯を踏まえれば、さまざまな思惑がからみながらも、核保有５カ国が核軍縮に真剣であるとの姿勢を見せたかったのは間違いないだろう。

日本政府は、１月３日の共同声明を好意的に捉えた。それは１月21日に日米の外務・国務両省が出した「ＮＰＴに関する日米共同声明」ではっきりする。案の定、米国を全面支持したのである。その一方で日本政府は、バイデン米政権内で検討が進んだ核の先制不使用宣言、あるいは核保有の目的を相手の核使用抑止に限定する「唯一の目的」宣言に反対の立場を取り続けていた。

２０２０年に開催予定だったＮＰＴ再検討会議は、新型コロナウイルスによるパンデミック（世界的大流行）の影響で延期・再延期された。本来は５年に１度開かれ、核軍縮の進展について誠実に話し合われなければならない。「唯一の戦争被爆国」である日本は積極的に関与し核軍縮を進める責任がある。

２０２２年１月22日は、核兵器禁止条約の発効１周年に当たった。核兵器の開発、実験、製造から取得、保有、貯蔵、移譲、使用、使用の威嚇までを禁じた画期的な条約。それを広め推進し、日本をはじめ未締結の国に署名・批准を迫る新たな出発点となることを、被爆者や長崎・広島両市、ＮＧＯ（非政府組織）は求めていた。日本政府の対応は、日米の外務・国務両省による共同声明を前日の１月21日に公表しただけで、核兵器禁止条約にはそっぽを向いたままだった。

この共同声明にはこう書かれている。

「NPTは、これまでの核兵器の大幅な削減を可能とし、また、将来的な核軍縮の不可欠な基礎となる。NPTは、原子力、原子力科学及び原子力技術の平和的利用の恩恵を共有するための協力を促進してきた。全世界はNPTから恩恵を享受してきた」

常日頃の核保有国の主張と、さほど変わらない内容だった。

そのわずか1カ月後、日本の非核政策が問われる事態に直面する。2月24日に始まったロシアのウクライナ侵略に乗じて、安倍晋三元首相が「核共有の論議を」と提起したからである。すでに「核共有」をとりいれている北大西洋条約機構（NATO）の例でいえば、①米軍が所有する核弾頭を同盟国の爆撃機やミサイルに搭載し、②核使用の意思決定は米国とその同盟国が共同で行う仕組みになっている。この方式を日本に適用した場合には、自衛隊の基地に核弾頭を配置することになり、核拡散を防いで軍縮を求めるNPTに背を向ける展開ともなる。核拡散と核軍拡をあおる事態にもなりかねない。「核共有」は事実上、部分的にしても日本が「核のボタン」を押す権限を持つものであり、非核三原則だけでなく憲法第9条（戦争放棄・戦力不保持・交戦権否認）と専守防衛の基本政策に抵触する公算が大きい。「核共有」が台湾海峡危機と一緒に論じられる傾向があったことから、中国脅威論を高める狙いも透けて見える。

激動と不安は嵐のように、一気に襲ってきた。ロシアのウクライナ侵略が始まったその日のこと。世界を震えあがらせたのは、ロシアのプーチン大統領が同日の演説で「現在のロシアは世界最強の核大国の一つ」「わが国への直接攻撃は、どんな潜在的な侵略者に対しても、壊滅と悲惨な結果をもたらすであろうことに、疑いの余地はない」と述べ、核兵器の使用を示唆したからだった。さらに3日後、戦略核抑止部隊へ特別警戒態勢を取るよう命じた。

核使用を示唆する脅しは、わずか7週間前にロシアを含む国連安保理常任理事国が発表した共同声明「核戦争に勝者はおらず、決して戦ってはならない」の趣旨と矛盾する。核をめぐる二枚舌政策がここでもはっきりしたわけである。

軍事侵略の真っただ中にある紛争当事国の指導者が、核兵器の使用可能性について、恫喝とも受けとれる表現で公言するのは歴史上初めてと言っていい。それだけに核兵器の使用を危ぶむ声は深刻で大きい。

では、プーチン大統領が核を意図的に使用する可能性はあるのか。

「合理的に考えればない」とわたしは考える。

偶発的な事故や計算外の誤解があった場合を除くと、核兵器の使用は「ないだろう」と。

北大西洋条約機構（ＮＡＴＯ）が参戦しない限り、軍事的には核兵器を使う意味がないからである。冷静沈着とされるプーチン大統領が暴走し、核のボタンを押すとは考えられない。核保有5カ国が核兵器を使用するのは、国家存亡の危機に直面した時である。示威行動のために核爆発を無人地帯で強行することがないとは言いきれないだろう。だが、市民や都市を標的にするとは考えられない。ロシアは統制が取れた国であり、プーチン大統領は国益について合理的判断が下せる政治リーダーである。むやみに暴走することは考えにくい。核を使うことで得られる利益と不利益を冷徹に計算しているはずである。ただ、こうした想定はあくまで、プーチン大統領が合理的な判断に徹するという大前提でのことである。

核保有国による核・安全保障政策の基本を確認してみよう。それはこうである。

一、そもそも核兵器は抑止のための兵器である。

一、抑止の兵器であり、非人道的兵器でもあるので、核先制使用は極めてハードルが高い。

一、ただ、抑止では不確実性を排除できず、したがって核使用リスクは常にある。

一、特に危険なのは、偶発的事故や計算外の誤解、さらには自暴自棄による使用である。

これはウクライナ侵略の前と後でも変わらないだろう。米国とロシア、そして欧州には核兵器によって世界や地域の安定を保ってきたとの考え方もある。だが、そればかりではないだろう。第二次世界大戦後に培った平和の状態と枠組みを崩さないことを主眼に置き、核使用の選択を極力避けてきた経緯がある。世界の平和において核は唯一無二の主役ではなかった。少なくとも平和をけん引する主役であった証拠はない。わたしはそう考える。

とはいえ、それまでの平和の状態と枠組みにウクライナ侵略が暗い影を落とすことは間違いない。核兵器を侵略戦争の最中に脅しとして使ったプーチン大統領の発言を踏まえ、核兵器の役割と意味がどう変わりどう変わらなかったのかを、被爆地長崎の観点から検証していくのは大切な研究課題である。

次にロシアとＮＰＴの関係はどうか。

核兵器を持つ国（日本の核保有を含め）が増えること、核兵器がテロリストの手に渡ることは米国・英国・フランス・中国と同様、ロシアにとっても阻止しなければならない課題である。インド、パキスタン、北朝鮮、イスラエル（保有の認否せず）のように独自の論理で核を保有する国が増えるのは、ＮＰＴで核保有が実質認められている核保有５カ国の特権的立場と国益を損なう。自分たちの既得権を堅持するという点で、ＮＰＴにおいて５カ国の利害は一致している。

ここで注意しなければならないのは、ＮＰＴは核兵器の使用を禁止しているわけではないという点である。あくまでも核兵器の開発、製造、保有を規制しているにすぎない。ＮＰＴにより、

5カ国の核抑止政策が根底から揺らぐ可能性はほとんどないと言っていい。「核保有は続ける。でも究極的には核廃絶をめざす」という二枚舌を使えるからである。ロシアを含む5カ国がNPTの枠内で核軍縮を進める姿勢を見せているのは、既得権維持という大きな目的を念頭に置きながらのことである。

核兵器禁止条約についてはどうか。NPTと同様、5カ国の利害はここでも一致する。5カ国は採択前の条約交渉会議を拒否し、米国・英国・フランスは2017年7月に条約が採択された直後、「安全保障環境の現実を明らかに無視している」「条約は70年以上にわたって欧州とアジアの平和維持の要となってきた核抑止政策と相いれない」とする共同声明を発表した。いずれも条約締結を拒否した。核抑止政策に基づく核保有こそが国益にかなうと考えているからである。これに対して、条約交渉をけん引し、ノーベル平和賞を受賞したNGO「核兵器廃絶国際キャンペーン（ICAN）」は5カ国を繰り返し批判し、ウクライナ侵略で核使用に言及したプーチン大統領を激しく非難する。

核保有国・同盟国と条約締約国（2022年3月時点で60カ国が批准）の間で安全保障政策をめぐる亀裂は深まるばかりである。ウクライナ侵略を受け、ロシアに反発する国民によって核抑止政策が強く支持された核保有国と、核廃絶が実現しない限り人類の生存は脅かされると訴える条約締約国・その他の非保有国に世界は二分され、両者による「対話」の余地は見いだしにくい。

ここで忘れてはならないのは、日本は米国の同盟国で、米国の核の傘の下にいるということである。核保有国と同様に核依存国である。対立する両者の橋渡しをする、現実的なアプローチを探ると日本政府は強調しながら、核保有国のサポーターのような役を演じてきたのが現実である。二枚舌とは言わないまでも、米国追随型の発言が多いままの日本政府が「唯一の戦争被爆国」として核軍縮・不拡散を主張しても、その主張の価値、重みは損なわれてきたし、これからも損なわれ続けるのではないだろうか。

激動と不安、対立と混迷のなかにも、希望はある。

それは、被爆者の存在である。被爆地の存在である。それは、核戦争を体験した人々の声である。核攻撃にさらされた都市の声である。

核軍縮・核廃絶に逆風が吹けば吹くほど、彼ら彼女らの存在は大きくなる。その声はどこまでも響き渡る。その表れが「長崎平和宣言」だろう。

活動の拠点を東京から長崎へ移し、新聞記者から研究者へ立場が変わってから腑に落ちたことがある。被爆地の長崎市は理想主義を掲げているのではなく、現実主義を貫いているということである。核戦争の現場はほかのどこでもない、ここ長崎市と広島市にある。核戦争を体験し目撃した歴史の証人こそが被爆者である。ここ長崎市から発せられる言葉はすべて、現場を原点にしたリアリズムである。戦争による壊滅的な破壊に対する恐怖から、核使用の脅しで相手を思いとどまらせる「恐怖による平和」が前提の核抑止論はリアリズムではなく、核抑止が崩れた時の非人道的な惨事を直視しないファンタジーである。核の脅しをかけておけば核戦争は起きないという、予定調和のような都合のいいロジックにすぎない。わたしはそう確信している。

核廃絶のアプローチについて、心に深く刻まれた言葉がある。新聞記者時代に核問題が専門のフランス人とアメリカ人から別個に聞いたものだ。

フランス人は「核兵器は条約や協定ではなくならない。核兵器に代わる新兵器が主流になり、核兵器が価値のない兵器になることはあるだろう。弓矢を見てみろ。弓矢禁止条約なんかどこにもない。核兵器もそうなることが大事だ」と言った。科学技術の発達が核廃絶を招く可能性はある。その代わり新兵器の軍拡を引き起こす恐れもある。新兵器の誕生は両刃の剣でもあるわけだ。

フランス人の科学技術的アプローチに対してアメリカ人は、政治的アプローチにこだわった。「核廃絶ではまず、核兵器の機能を失わせることだ。核廃絶を条約で決めて、すべての核弾頭を解体しそれを検証するとなると時間も費用もかかる。それよりも早く実質的に核廃絶に近づくには、核兵器の役割をどんどん低めていき、実際の外交・安全保障政策において、存在感をなくしていくことだ。例えばオンボロの車が自宅の車庫にあるとする。人に聞かれれば車は持っていると答えるけれど、何年も走らせていないから役割は終わっている。動くかどうかも分からず、実は車としては役立たずの存在である。核兵器についても、役割を極小化して格納庫で保管し、ほとんど眠らせているのみの存在にしてしまえばいい。外交・安全保障政策における機能が無力な状態に持っていければ、それはモノとして核兵器が存在するということにすぎなくなる」と。

わたしは二人の話から、核の存在と核の機能を分けて考える必要があると思っている。被爆者が「長崎を人類最後の戦争被爆地に」と訴えるとき、核を絶対に使わせないと迫っている。使わせないためには最終的にモノとしての核兵器を根絶することが大切だが、それまでの過程においても使わせないようにするには、核兵器を倉庫にある役立たずの存在にしていくことも必要だろう。「核そのものをなくす廃絶」と「核の機能を失わせる廃絶」。核軍縮を専門とする研究者のわたしにとって、両方からのアプローチをもっと探求する必要があるだろう。

ナガサキのメッセージが一段と大きな力を持つように、被爆者の訴えを有力な論拠で支えること、そして長崎市長の平和宣言に科学的根拠を付加していくことが、言葉を換えると「力水」をつけていくことが長崎大学核兵器廃絶研究センターの大事な使命と考えている。

そして痛感する。「長崎平和宣言」は「平和の存在を守ること」と「平和の機能を高めること」の双方に迫る所信でもあると。

あとがきに代えて

日本人初のノーベル平和賞は、佐藤栄作元首相に与えられるべきだったのでしょうか。核兵器の廃絶と軍縮、恒久平和の取り組みをつぶさに見ていくと、佐藤氏ではなく、広島と長崎の被爆者、被爆者団体、両市民、そして世界のヒバクシャに与えられるべきだったのではないでしょうか。核保有国によるその使用を阻んできたのは彼ら彼女らだったからです。

1974年のノーベル委員会による佐藤氏への平和賞授与は、非核三原則の政策と核拡散防止条約（NPT）の署名、太平洋地域への平和の貢献が理由でした。

5年前の1969年11月19日、佐藤氏は日米首脳会談で核兵器の沖縄への再持ち込みに関して、ニクソン大統領との間で密約を交わしたことが明らかになっています。「重大な緊急事態」が生じた際、、日本政府が「米国政府としての諸要件を理解し、そのような事前協議が行われた場合には、これらの要件を遅滞なく満たすであろう」とする内容でした。

今からちょうど50年前の1972年5月に実現した沖縄返還をめぐる日米交渉の裏で、「核抜き・本土並み」の返還をうたう佐藤氏が、核の持ち込みを認める動きをしていたわけです。核兵器を「持たず、作らず、持ち込ませず」とする非核三原則は、佐藤氏が67年12月に国会で首相答弁し、71年には国会で決議されました。二枚舌の非核・平和政策だと指摘されてもおかしくはありません。

2001年に刊行されたノーベル委員会の公式本『ノーベル平和賞 平和への100年』の共著者の一人（エイヴィン・ステーネシェン氏）は、佐藤氏への授賞を「最大の誤り」と指摘。「1999年に機密指定が解かれた米国の文書によると、佐藤氏は原則として日本の核保有に反対でなかったとステーネシェン氏は記者会見で述べた」と共同通信のオスロ発の英文ニュースは伝えています。

佐藤氏による日本人初のノーベル平和賞受賞から8カ月後の平和宣言（1975年）で、諸谷義武・長崎市長は「われわれ長崎市民は、今こそ、総決起し、核兵器による惨苦の経験者として、『人類が存続するためには、核兵器は勿論、戦争そのものを廃絶しなければならない』ことを強く全人類に訴え、世界平和実現のため、特別の使命を果たすべきであると考える」と訴えます。

さらに「今年八月五日、被爆三十周年を契機として、世界で唯二つの被爆都市、広島市と長崎市の間で、『平和文化都市提携』が実現したことは、この意味で、極めて意義深いものがある。

お互いに、協力一致。被爆都市としての使命を果たしていかねばならない。今年は、特に、海外原爆展もアメリカで実現し、新聞やテレビにより、全米に対し、原爆の悲惨と、世界の恒久平和実現を直接訴えることができた。この波紋が、やがて、次の波紋を呼び、大きな輪となって、世界の人の心の中に浸透し平和希求への限りない運動として発展していくことを心から念じている」と強調します。

日本人のノーベル平和賞受賞については触れていません。核廃絶への揺るぎない意志がそこから伝わってきます。一点の曇りもありません。諸谷元市長は被爆者でした。波紋が大きな輪になるには、市民一人ひとり、草の根一つひとつが不断に行動するしかありません。そのことを呼びかけています。

ロシアがウクライナを軍事侵攻した2022年2月24日は、21世紀最大の人道危機が始まった「汚点の日」として記憶されることになります。開戦直後にロシアのプーチン大統領は、核兵器を使用する姿勢を内外に示唆しました。長崎を最後に戦争で使われることのなかった核兵器を盾に、ウクライナと西側諸国を脅迫しました。

これにすぐ反応したのが安倍晋三元首相でした。日本の領土・領域に米国の核兵器を配備し共同で運用する核シェアリング（共有）について広く議論するよう、繰り返し提起しました。

核共有は、国是である非核三原則、日本国憲法に抵触する恐れがあるとの批判が相次ぎました。

首相として最後に出席した２０２０年８月９日の長崎原爆犠牲者慰霊平和祈念式典で、安倍氏は次のようにあいさつしています。

（前略）特に本年は、被爆75年という節目の年であります。我が国は、非核三原則を堅持しつつ、立場の異なる国々の橋渡しに努め、各国の対話や行動を粘り強く促すことによって、核兵器のない世界の実現に向けた国際社会の取組をリードしてまいります。

本年、核兵器不拡散条約（ＮＰＴ）が発効50周年を迎えました。同条約が国際的な核軍縮・不拡散体制を支える役割を果たし続けるためには、来るべきＮＰＴ運用検討会議を有意義な成果を収めるものとすることが重要です。我が国は、結束した取組の継続を各国に働きかけ、核軍縮に関する「賢人会議」の議論の成果も活用しながら、引き続き、積極的に貢献してまいります。

「核兵器のない世界」の実現に向けた確固たる歩みを支えるのは、世代や国境を越えて核兵器使用の惨禍やその非人道性を語り伝え、承継する取組《ママ》です。我が国は、被爆者の方々と手を

取り合って、被爆の実相への理解を促す努力を重ねてまいります。（後略）

安倍氏は非核三原則の「堅持」を被爆地で内外に約束しました。ここで思い出されるのは、ノーベル平和賞に輝いた唯一の日本人である佐藤栄作元首相です。佐藤氏は安倍氏の大叔父に当たります。二人が重なって見えてきます。非核・平和政策への信念に曇りがあると言えないでしょうか。二枚舌の非核・平和政策のことです。

安倍氏を含めて歴代の首相は、非核三原則の法制化に後ろ向きでした。米軍による日本領土・領域への核持ち込み疑惑をめぐり、「不都合な真実」があからさまになるのを恐れてのことだとの指摘がなされてきました。

田上富久市長を2022年3月半ばに取材した時のことです。核廃絶に関する日本政府の姿勢に話が及びました。20年8月9日の長崎原爆犠牲者慰霊平和祈念式典に安倍首相（当時）と共に参列した中満泉・国連事務次長から「心にぐさっとくる言葉」を投げかけられたと打ち明けました。「（核兵器禁止条約の署名・批准に向けて）日本政府が動かないのは国民の声が小さいからではないか。国民の声を集めきれていないのではないか」。中満氏の言葉がこれでした。佐藤栄作元首相のノーベル平和賞受賞から約半世紀。核廃絶を願う市民一人ひとり、草の根一つひとつの声はまだまだ小さいというわけです。「国連事務次長の言葉はいまも心に響いています」と田上市長は言います。そして恒久平和の確立は、長崎と広島の被爆者、被爆者団体、両市民だけに託されているのではないと。

＊

早稲田大学は2032年10月の大学創立150周年に向けて「世界の平和と人類の幸福の実現に貢献する研究」を目標・課題の一つに掲げています。本書の刊行はそれにつながる取り組みです。恒久平和が確立され「長崎原爆の日」に平和宣言が読み上げられなくなるその時まで、本書の増補改訂版を出し続ける予定です。編集・制作に当たり、長崎市長の田上富久氏、長崎市在住の作家青来有一氏、長崎大学核兵器廃絶研究センター（RECNA）センター長・教授の吉田文彦氏に温かいご協力を頂きました。長崎市の平和推進課、広報広聴課、市立図書館ならびに長崎新聞社（徳永英彦社長）にご支援を頂きました。心よりお礼申し上げます。

憲法記念日の2022年5月3日

早稲田大学出版部 編集部

田上　富久（たうえ・とみひさ）

長崎市長。日本非核宣言自治体協議会会長。平和首長会議副会長。1956年長崎県五島市生まれ。九州大学法学部卒業後、長崎市役所に入所。観光振興課主幹や統計課長を経て、2007年４月の長崎市長選で選挙期間中に銃撃され死亡した伊藤一長市長の事件を受け、補充立候補し初当選。同年４月から市長に就き、４期目(22年５月現在)。好きな言葉は「一隅を照らす」。自らの性格について「こう見えても頑固」と述べる。

青来　有一（せいらい・ゆういち）

作家。元長崎原爆資料館館長。1958年長崎市生まれ。被爆２世。長崎大学教育学部卒業後、長崎市役所に就職。公務の傍ら執筆活動を続け、被爆地に生きる人間の苦悩と救いを主題にした小説『聖水』（文藝春秋）で2001年、芥川賞を受賞した。19年春に定年退職するまで約８年半にわたり同館館長を務めた。著書に『爆心』（文藝春秋）『悲しみと無のあいだ』（同）『小指が燃える』（同）『フェイクコメディ』（集英社 電子書籍）など多数。新聞や雑誌などに原爆や核兵器に関する随筆、コラムも多く執筆している。

吉田　文彦（よしだ・ふみひこ）

長崎大学核兵器廃絶研究センター（RECNA）センター長・教授。博士（国際公共政策）。1955年京都市生まれ。専門は核軍縮・核戦略。東京大学文学部卒。80年朝日新聞社入社。ワシントン特派員、ブリュッセル支局長などを経て2000年より同社論説委員。論説副主幹の後、同社を退社。16年12月 RECNA 副センター長に就き、19年４月から RECNA センター長。21年４月より「長崎市平和宣言文起草委員会」委員。主な著書に『核のアメリカ：トルーマンからオバマまで』（岩波書店）『証言・核抑止の世紀：科学と政治はこう動いた』（朝日選書）『核解体：人類は恐怖から解放されるか』（岩波新書）など。

RECNA のホームページ：https://www.recna.nagasaki-u.ac.jp/recna/

早稲田新書012

「平和《へいわ》宣言《せんげん》」全文《ぜんぶん》を読《よ》む
―ナガサキの願《ねが》い―

2022年 5 月27日　初版第 1 刷発行

編　者　　早稲田大学出版部
発行者　　須賀晃一
発行所　　株式会社　早稲田大学出版部
〒169-0051　東京都新宿区西早稲田 1- 9 -12
電話　03-3203-1551
http://www.waseda-up.co.jp
企画・取材・構成・編集　　谷俊宏（早稲田大学出版部）
装　丁　　三浦正已（精文堂印刷株式会社）
印刷・製本　　精文堂印刷株式会社

ISBN：978-4-657-22007-3

早稲田新書の刊行にあたって

いつの時代も、わたしたちの周りには問題があふれています。一人一人が抱える問題から、家族や地域、国家、人類、世界が直面する問題まで、解決が求められています。それらの問題を正しく捉え解決策を示すためには、知の力が必要です。整然と分類された情報である知識。日々の実践から養われた知恵。これらを統合する能力と働きが知です。

早稲田大学の田中愛治総長（第十七代）は答のない問題に挑戦する「たくましい知性」と、多様な人々を理解し尊敬して協働できる「しなやかな感性」が必要であると強調しています。知はわたしたちの問題解決によりどころを与え、新しい価値を生み出す源泉です。日々直面する問題に圧倒されるわたしたちの固定観念や因習を打ち砕く力です。「早稲田新書」はそうした統合の知、問題解決のために組み替えられた応用の知を培う礎になりたいと希望します。それぞれの時代が直面する問題に一緒に取り組むために、知を分かち合いたいと思います。

早稲田で学ぶ人。早稲田で学んだ人。早稲田で学びたい人。早稲田で学びたかった人。早稲田とは関わりのなかった人。これらすべての人に早稲田大学が開かれているように、「早稲田新書」も開かれています。十九世紀の終わりから二十世紀半ばまで、通信教育の『早稲田講義録』が勉学を志す人に早稲田の知を届け、彼ら彼女らを知の世界に誘いました。「早稲田新書」はその理想を受け継ぎ、知の泉を四荒八極まで届けたいと思います。

早稲田大学の創立者である大隈重信は、学問の独立と学問の活用を大学の本旨とすると宣言しています。知の独立と知の活用が求められるゆえんです。知識と知恵をつなぎ、知性と感性を統合する知の先には、希望あふれる時代が広がっているはずです。

読者の皆様と共に知を活用し、希望の時代を追い求めたいと願っています。

２０２０年12月

須賀晃一